【青少年插图版】

左宗棠

阮梅 / 著

湖南少年儿童出版社 · 长沙
HUNAN JUVENILE & CHILDREN'S PUBLISHING HOUSE

一部彰显爱国主义精神的力作

王跃文

　　阮梅所著的《左宗棠》是一部长篇历史人物传记，其读者定位为青少年，我读起来也颇有兴味。左宗棠是晚清中兴四大名臣之一，中兴四大名臣到底是哪四位，怎样排序，史学家们一直有争议，但第一曾国藩，第二左宗棠，这是有定论的，足见左宗棠之重要性与影响力。史学家对他已有颇多研究，国内以传记或故事或历史小说方式写他的也不乏其人。我读过中华书局出版的一部《左宗棠全传》，作者是秦翰才。秦翰才从1936年起笔为左宗棠作传，此时距左宗棠去世已过半个世纪。其书四易其稿，出版则在作者去世近五十年后，其中坎坷，令人唏嘘。据说国外为左宗棠写传的也有数十种。但发愿专为青少年儿童读者量身定写左宗棠传记的，阮梅应该算是第一位。

《清史稿》里有左宗棠的单传，五千六百多字，很有分量。开篇即说："左宗棠，字季高，湖南湘阴人。父观澜，廪生，有学行。宗棠，道光十二年举人。"《清史稿》写左宗棠是从他二十岁时中举人开始写的，其后便是对他才华勋功的一一记叙。《清史稿》中的左宗棠，缺失的正是他的童年、少年和他的求学阶段。但是，人怎么可能一生下来就是一个昭焕今古的大人物呢？以史学的真实严谨和文学的生动形象再现一个伟大人物怎样出生，怎样学习，怎样选择，怎样成长，对于青少年来说，也许更具有榜样意义。

阮梅这部人物传记《左宗棠》紧扣青少年读物这一定位，呈现出鲜明的儿童文学美学特质。传记精心选材，叙写了左宗棠从1812年11月10日在湖南湘阴左家塅出生，到1885年9月5日在福州黄华馆去世的完整一生，可以说，是写了一个"全人"。人物传记首先求"真"。写历史小说可以讲求"大事不虚，小事不拘"，写人物传记则在材料的采用上更有一个去伪存真、去芜存菁的甄别过程，这就需要写作者既要尽可能丰富地收集可信度高的史料，又要正确运用唯物史观统摄材料，通过写一个具体的人，表现出一个民族、一个时代、一个国家的价值观。阮梅在这一点上是下了很扎实的功夫的。全书精心选取左宗棠生命中具有典型意义的关键节点和事件，将一个自小聪颖，发奋求学，青少年时代就立下"身无半亩，心忧天下。读破万卷，神交古人"的志向，敢于张扬自己"能受天磨真铁汉，不遭人嫉是庸才"的狷狂个性，从政后不畏强权，燮理阴阳，平疆驱俄，为国为民鞠躬尽瘁的历史人物写得个性鲜明、栩栩如生。在阮梅的书写中，左宗棠的一生，是彰显了一个知识分子强国兴国之魂的一生，是为国担当的一生，是闪耀着爱国主义精神光芒的一生。

从文学的角度来说，阮梅这部人物传记有很强的故事性。全书共二十二个章节，脉络清晰，枝干清秀。章节的标题大多以一个动词为中心词来概括事件，比如"左宗棠施粥""东乡出了个小神童""听鼓移营""抬棺出征"等，充满动感，鲜活生动，令人过目不忘，对青少年读者来说很有吸引力。

传记的前七章写左宗棠的童年、少年和青年时代，写得尤其精彩。第一章写左宗棠的出生环境和家庭环境，写他从小心里就种下善良和好学求知的种子；第二章写乐善好施的家庭传统对左宗棠的影响；第三章写左宗棠儿时的聪慧敏捷以及不拘一格的学习方法和个性；第四章写家变与艰难，写对嫂侄的无私之爱；第五章写其求学的勤奋与执着；第六章写十八岁时结缘两恩师，借书还书，立雪贺门；第七章写广交师友，钻研经世致用之学，身无半亩，心忧天下。二十岁做上门女婿，写爱情也写得雅正大方。这一部分内容与青少年读者的年龄正好契合，最容易引发青少年读者的共鸣，有很好的感发力量。

阮梅刻画人物注重采用典型事例，善写细节。写儿时的左宗棠与祖父一起上山采毛栗，回来后将所有毛栗公平无私全部分给哥哥姐姐。此事虽小，却能见微知著，为成人后的左宗棠守正不挠、襟怀坦白的性格铺下底色。其后写"梧塘书塾"名称的来历，周围有"高高的梧桐树，有无数片随风舞动的宽大叶子"，书塾被梧桐的浓荫覆盖，梧高凤必至，这些充满诗意的描写也为儿时左宗棠的成长布下了一个美好的环境。这部人物传记的语言也朴素清新，简洁生动，有文学之美。

2022年11月10日，正是左宗棠210年华诞。阮梅在这个时候推出这部弘扬爱国主义，彰显民族精神和民族气节的力作，无疑更具有其现实意义。

目 录

1

Contents

2

绝口不言和议事
千秋独有左文襄

第一章

梧塘书塾

在湖南省湘江的东边，有一个地方，人们把它叫作东乡。

东乡地处湘阴县，群山起伏，山脉延绵百里。就在一块稍显平缓的丘陵地，居住了好多姓左的人家。这里，人们把它称为左家塅。

左家的祖先，是南宋时期为了躲避战乱，一拨拨从江西老家搬迁过来的。他们在左家塅安家、劳作、繁衍，至公元一八一二年，已经有六百多年历史了。

左家塅的人们，主要靠在丘陵地上种庄稼谋生活。他们面朝黄土背朝天，虽然有时候吃了上顿没有下顿，饥肠辘辘，但他们把读书看得很重，不管是不是有钱人家，都请私塾先生教授孩子们学习诗文。

于是左家塅就有了一些读书人家，也有了私塾学堂，出了好多秀才。

那时候，左家塅走出去的才俊已经不少。

南宋时期，一位名叫左大铭的读书人在中了进士后，担任了两浙路采访使。他常常到民间访贫问苦，监察当官的人办事公不公，监督执法的人处事严不严，那里的老百姓都很喜欢他。

明朝万历年间，有位叫左天眷的读书人，当过直隶省西南部的行唐县知县、深州知州，后来又担任辽东监军道，任参谋

辽东经略熊廷弼的军事，得到熊廷弼的信任与倚重。

但在中国这部厚重的史册里，他们两个，还算不得知名的人物。

直到一八一二年初冬时节的到来。

这一天，已是夜幕低垂，万籁俱寂。

左家塅各家各户都紧闭门窗，人们大多进入了熟睡之中。只有一户人家的大人们，不曾合眼，他们还在焦急、兴奋地等待，等待一个新生命的到来。这户人家有九口人。他们家有祖父祖母，父亲母亲，以及三个女孩，两个男孩。祖父和父亲，都是左家塅受人尊敬的私塾先生。

有风吹来，祖父左人锦、祖母杨氏各自拿了件齐膝袍子披上身，以抵御秋夜的寒冷。祖母不时走出去，到儿媳妇余夫人房外悄悄探听动静。父亲左观澜在书房看似在读书，实际上他的眼睛没有看进去一个字，他坐立不安，不时起身推开木格子门窗，望一望外面的星空。

"恭喜恭喜——先生的娘子生了，是个男孩，白白胖胖的男孩！"伴随着新生儿响亮的啼哭声，接生的老姑姑终于出来了，她满头大汗地跑进门来报喜。这时，已是凌晨三四点钟。

一八一二年十一月十日，左家塅私塾先生左观澜的第六个孩子降生了。一家人终于放下了好几天都悬着的心，喜笑颜开。新生男孩头发漆黑，天庭饱满，白白胖胖。或许是饿着了，吓着了，祖母刚抱在手上，他就哭声震天。

"哎呀，一脸的福相。"祖母喜不自胜，爱不释手。

新生儿的降生给一家老小带来了欢愉，却给母亲余夫人苍白的脸颊添上了好多的愁云。原本家境就很困难，现在又平添一张嘴，靠什么来养活？奶水根本不够孩子吃，她只好把米熬成浓浓的粥浆，一汤匙、一汤匙地喂进他的嘴里。

米汤汁喝不饱，小家伙就日夜啼哭。

小家伙营养少，哭得久了，肚脐都凸了出来。

新生儿不时啼哭，哭得母亲余夫人好难过、好歉疚。

这是母亲余夫人最后一个孩子。那一年，余夫人已经三十八岁了。

这个孩子，父亲在和祖父商量后，取名左宗棠，字季高。取字季高，是因为他在兄弟中排行第三。"宗棠"两个字，却是祖父下了一番功夫，才定下来的。

左人锦为孙子取名左宗棠，是源于《诗经》中的一个典故。

西周初年，有个能力超群的人，名叫召公。他曾经在帮助周武王灭掉了商朝以后，建立起服从于周武王的诸侯小国燕国。他自己不当国王，到陕西帮着周武王治理西方。因为治理得好，人们的生活很幸福，王公贵族和平民老百姓都喜欢他，都希望他能活得长久一点儿，他们的幸福也可以长久一点儿。

可是，再好的人老了，也会离世的。等到召公去世好久了，人们还是忘不了他，一直怀念他，甚至连他种的那棵棠梨树都被他们养护了起来，以防止被人砍掉。为什么舍不得砍这棵棠梨树呢？是因为召公生前常常在这棵棠梨树下为老百姓做事，在他们心里，棠梨树在，就等于召公在。

左家是书香门第，祖父希望这个孩子将来能力和地位都能像召公，能成为栋梁之材，上对朝廷有功，下对百姓有利，对得起左家列祖列宗。

祖父左人锦，字松野，人们喜欢喊他松野公。松野公是国子监生，以教私塾为生，他的学生早已遍布东乡内外。可是，现在的松野公已经七十多岁，只能在家里带带孙儿了。

左宗棠的父亲名叫左观澜，字春航，人们都叫他春航公。春航公是县学廪生。春航公承继了父业，早已开馆授徒。可收的徒，不过是周边邻居与亲戚家的孩子，有钱的就交学费，没钱的就不交，春航公都一视同仁。

开馆授徒给家里添不了多少收入。他们一家九口人，主要还是靠着祖传下来的七十余亩薄田为生。私塾先生收入微薄，不过却受人敬重，在当地，那可是响当当的名人。

左宗棠，就这样幸运地降生在了这个七代书香门第。

春航公每天都得外出授徒，顾不了左宗棠。

慢慢长大的左宗棠，很多时候是随祖父松野公一起读书。

松野公是一个博学多才的人，但他不太喜欢待在家里，他喜欢牵着或者抱着左宗棠走到户外去，边看管农田，边跟他讲学问。

两三年过去，左宗棠已能流利地背诵《三字经》《百家姓》《千字文》了。每天背完了功课，只要不下雨，松野公就会带他到后山玩。玩什么？玩对对联。"林中小鸟！"祖父出上联。"天上朝霞！"左宗棠对出下联。在后山，对对联是他们祖孙俩经常玩的游戏，渐渐地，左宗棠喜欢上了这个游戏。

后山不高，有好多花草树木，如覆盆子、桑葚、小红果、奶浆果，还有松树、桑树、梓树、毛栗子树。后山的花草树木散发着不同的清香，摇曳着不同的青绿，结满了不同的果子。左宗棠最喜欢吃的毛栗子，漫坡都是。

这一年，眼瞅着毛栗子一天天由青变黄，慢慢地就成熟了。

"比采毛栗子，看谁采得多些。"有一天，松野公拿了个小麻布兜，带着左宗棠兴冲冲来到山上采毛栗子。左宗棠人矮个小，又怕刺着手，没有采到。松野公一边采，一边递给他几颗来解馋。他吃了一颗又一颗，他太喜欢吃毛栗子了。

"今天采得多，你与哥哥姐姐们分着吃，我去地里看看庄稼再回。"刚走下山坡，松野公就把毛栗子交给了左宗棠。可等到松野公回到家里，发现八仙桌上，只有五份毛栗子。

分毛栗
壬寅樨畊於湘

"宗棠，怎么只有五份？你的吃掉了？"祖父忙问他。

"我自己已经在山上吃了，这里全是哥哥姐姐们的了！"左宗棠说。"你不是很喜欢吃毛栗子么？舍得全部分给哥哥姐姐吃？"祖父吃惊地问。

"不吃了，再吃的话，对哥哥姐姐们不公平。"左宗棠仰头解释道。"没有人知道你在山上已经吃了呀。"祖父说。"有人知道。你知，我知。再说，您不是常说，不公平事，天知，地知！"左宗棠认真地说。

左宗棠说这句话的时候，外出的父亲春航公正好返家。他走到屋前的梧桐树下，听到了祖孙俩的对话。

"他这么小，连自己喜欢的食物都能够公平地分配，毫不自私。将来，咱们左家门庭恐怕要靠他发扬光大了！"等左宗棠随母亲去了厨房，松野公三步并作两步来到梧桐树下，高兴地和春航公谈论起这件事来。

高高的梧桐树，有无数片随风舞动的宽大叶子，梧桐树下，有好几代左家儿女的琅琅书声，房屋前，还有一口池塘，松野公早将这栋被梧桐的浓荫覆盖的房舍，取名为"梧塘书塾"。只是，恐怕他做梦也没想到，在许多年以后，一个被后人称之为"朝端无两""天下第一"的爱国名臣，竟是从这个平常的梧塘书塾里走出的。

第二章

左宗棠施粥

岂止是毛栗子，好多食物都是左宗棠喜爱的美食。

祖母和母亲都有一双勤劳的手。在地里收成少的时候，她们会扯来山坡上的野菜洗净，切碎，做出很美味的糕点。左宗棠当然喜欢吃祖母和母亲做的野菜糕点，但最喜爱吃的食物，还是父亲在城里买来的绿豆糕。

母亲做的糕点有苦味，是野菜的苦味；父亲买的糕点却有软软的糯，甜甜的香。

父亲每次出远门回家，会给左宗棠和哥哥姐姐们带一盒。当父亲带着满身疲惫和尘土回到家门口，慢下步子，把一盒香香甜甜的绿豆糕递到孩子们手上的时候，他就有一种与孩子们久别重逢的满满的仪式感，这让他觉得在外的漂泊、孤苦、辛劳，都很值得。

不知不觉间，已是一八一七年的夏天。

那一天，左宗棠老早就和姐姐跑到路口水坝上去等待。他伸长脖子、张大双眼紧盯着路的远处，等着父亲的身影出现。他想象着父亲的右手上，正拎着一捆用细麻绳紧扎着的、用草纸方方正正包好的、给他和哥哥姐姐吃的小点心。

可是，好久好久，都不见父亲的身影。

好不容易到了傍晚，终于等到出远门的父亲回了家。

可是，这一次，望眼欲穿的左宗棠，却没有等到父亲的小点心。父亲两手空空，而且脸上少了往日常见的笑容。看着紧绷着脸不说话、也不看他的父亲，左宗棠差点委屈得哭起来：

"父亲，我要我的绿豆糕！我的绿豆糕呢？"

"宗棠，父亲今天没有绿豆糕给你了，下次一定记得给你带，好不好？"父亲歉疚地说。"不好，为什么今天没有？"左宗棠觉得好委屈。"路上遇到很多很多的灾民，他们从北方来，北方遭了大灾。父亲买的绿豆糕全部分给路上的小孩子吃了，他们都快要饿死了。"父亲弯下身子，安慰左宗棠说。

是的，不仅仅是绿豆糕没有了，他们家平静的生活，包括左家塅平静的生活，都被这场大灾情打破了。

顺着父亲的手指看过去，左宗棠看到了好多好多灾民的身影。灾民们从大路的远处，正朝这边走来——那全部是他没有见到过的陌生人。

这一年的夏天，北方遭受了百年不遇的大旱。

长久的烈日当空，田地都干裂成大大小小的泥块。整个长江北岸，农民所种的稻谷，有一大半都枯萎了。

放眼望去，大片大片的田野里，除了一些干枯的玉米秆，已完全看不到其他作物。人们眼睁睁地看着辛勤劳作过的田地颗粒无收，无不欲哭无泪。灾民们为了填饱肚子，连周边的树皮草根儿乎都啃光了。

再等下去便是死路一条。于是，在他们心中物产丰富的江南人家，就成了他们的希望。在通往江南的大小路上，在江南一带的大户人家门庭前，出现了一拨又一拨的灾民。

灾民们衣衫褴褛，面黄肌瘦。有的人偶尔能从一些大户人家讨得一碗粥，维系着自己的性命；而那些胆小到不敢开口的人，或是在人家门前讨不到食物的人，就饿倒在路边。饿死的人不计其数。

左宗棠不明白，为什么北方会有这么多吃不上饭的灾民。反正他们家，在吃不上饭的时候，有母亲做的糠饼吃，吃不了糠饼的时候，母亲也会挖野菜做给他们吃。母亲做的野菜粥，很香很香，就算没有红糖搅拌，他也能吃不少。

左宗棠以为，这些逃荒的人，一定是家乡的糠饼和野菜都吃光了，才会想到跑这儿来的。

大小路上，好多好多的人乞讨到这里，有大人，也有小孩子。左宗棠很同情他们，但是，他帮不了他们。

第二天，左宗棠起床的时候，太阳刚刚升起来。界头铺的三岔路口，聚满了灾民。左宗棠和母亲紧赶慢赶来到这里。祖父和父亲从对面山坡的方向"吭哧""吭哧"地抬回了两根粗壮的杨树干。他们往返了四趟，抬回七八根了，父亲的斧头几上几下，削除掉树尖多余的部分，祖父用麻绳几缠几绕，将几捆茅草丢上顶，解开绳子把茅草一层层铺开，不到两个时辰，一个四方形的茅草棚就搭成了。

整个上午，左宗棠就看着祖父和父亲在棚里忙活。他们还在棚中央砌起一个好大好大的土砖灶台。母亲呢，她忙着在灶台上支起两口大铁锅。母亲用葫芦瓢从麻袋里舀出半瓢白花花的大米，洗净入锅，添上好多好多的水，然后就在灶膛里燃起柴火来。

灶膛里"噼里啪啦"不到一刻工夫，米粥的清香味，就从大铁锅里散发出来。香味随风飘出老远，而远处的灾民，正纷纷往这里赶来。

眼看灾民越来越多，无意间，左宗棠看到了躲在大人们身后的那几个同龄男孩女孩。

左宗棠挤到正往外施粥的母亲身边。

"母亲，勺子给我！我也要分粥。"

左宗棠从母亲手上接过一把勺子，试着舀出一碗。

他端着粥，一步步颤颤悠悠地往饥民队伍里走，走到那个躲闪在长长的队伍中、显然是揪着他母亲衣角的、脏兮兮的同龄小孩身边，才停下来。小孩母亲赶忙弯腰接过，把粥汤端到小孩手上。小孩哪里顾得上粥汤还烫嘴，他把嘴贴到碗边沿，就开始喝起来。

"慢慢喝，看，这样吹一吹，就不烫了！"左宗棠见状，赶忙凑上去，好心提醒他。他也顾不得小孩的衣裳脏不脏了，弯下腰，用口对着粥汤，试着帮他吹了几口。

"孩子，我们人多，如果把你们家的粥全吃光了，你们没有粥吃了，你会饿肚子的，那怎么办哪？"看到这户人家的小孩子竟然如此心善、心细，面黄肌瘦——不，已是枯瘦如柴的孩子母亲一时好感动，她弯下身子问左宗棠。

"我祖父告诉我说，杜甫有一句诗叫'穷年忧黎元，叹息肠内热'。婶子不用担心啦！我平时有饱饭吃，而你们没有，我今天如果没有吃的，只是挨一两顿饿，也不算什么的。"平时松野公教左宗棠，凡事以"善"字当头，还教会了他好多好多的典故。

左宗棠记得祖父讲的每一个故事，也包括曾祖父的故事。

早些年，祖父松野公效仿古代的社仓法，提出由族人平时节约粮食，节省出来的粮食，就存在义仓里，到灾害出现时，就打开义仓，取粮食出来赈灾，这样，整个家族的人都不致挨饿。松野公给这个义仓取了个名字，叫族仓。开仓救济时，大家就按照松野公写的《族仓公约》操作。

而祖父的父亲、左宗棠的曾祖父，也是一个大善人。

离曾祖父家不远处，有个地方叫高华岭，那里路远人稀。每到盛夏季节，行人只要从高华岭经过，都要闷出几身大汗，在岭上要歇下几次脚来，养好脚力。有好多年了，只要很热的

天气到来，午时左右，曾祖父就会烧好一担茶水，用一块麻布盖上，专门挑到高华岭去。只要看到有行人经过，他会一人一碗，给他们消渴解乏。给钱？他可一文钱都不要！

左家的乐善好施，是代代相传的家风。他们家早以"律躬之严，闲家之肃，敦睦家族"作为家训而名扬乡里。

左家这一次施粥，又何尝不是典当了家里财物买粮救济灾民的？只是这一次变卖的，是母亲余夫人自己的陪嫁首饰。这些首饰换来的是四麻袋大米。越是灾荒，米就越贵。这些粥汤很快就没有了，灾民还是一拨一拨来。

没有办法，余夫人又卖掉了自家的一些东西，保证了灾民来的那些天，天天有粥施。

"不让一个讨饭的人碗里空着，哪怕是稀一点儿，薄一点儿，对他们也是盼头啊。"母亲说。

这一次左家开粥棚施粥，左宗棠算是耳闻目睹，也参与其中了。他在灾民中说的一番话，通过灾民口口相传，很快传到了父亲春航公的耳朵里。

等到灾民散去，已是夜幕来临。

左宗棠对灾民说的这番话，父亲告诉了祖父，这让祖父深为震惊。莫非他小小年纪，就懂得了将所学到的知识，用到恰当的地方，还是刚好顺口撞上了呢？他还不明就里。好在闹哄哄的人群已散，只要问问他，就知道了。

看着走过来的左宗棠，满头满脸都是勺子落下来时不慎擦落的粥汤，祖父笑了。他抓着左宗棠的手，迫切地问：

"当着那个婶婶的面，你说的'穷年忧黎元，叹息肠内热'，你到底知不知道这句话的意思？"

"当然知道！意思是，一年到头都为百姓的疾苦忧虑，不仅是说在嘴上，心中也时常为这个焦虑不安。""是的，是的。宝贝孙儿说得对，真是我的好孙儿！"听到左宗棠的回答，祖父心里乐开了花。

"杜甫明显是在与唐虞时代一心为民的二位贤臣稷和契比。他一想到百姓在受苦，自己的内心就会焦急难耐，所以杜甫才说出'穷年忧黎元'这句话的。"左宗棠就此和祖父认真地探讨起诗词来。

"他的一颗心，时时都与天下百姓同甘共苦。孙儿以后，要好好学习诗文，还要学好多种本领，长大了好为国家出力。不仅仅是心里想，嘴里说，还要努力去做到！"

祖父说的话，左宗棠都记在了心里。

第三章

东乡出了个小神童

雪花飞舞的时候，年关已近。

左家塅人过年，从杀年猪开始。

"杀年猪了！到坝子上去看杀年猪啰！"隔壁小伙伴一喊，左宗棠忙离开正在炒芝麻、炒黄豆的母亲，往门外跑。

也是巧了，这天在坝子上杀年猪的人，竟然是一个文弱书生！不知他为何没有去做读书人应该做的体面行当，倒是在这里当起了屠夫。只见他手起刀落，一头烫过了毛、肚皮被吹得鼓鼓胀胀的大肥猪，就被他开膛破肚，悬挂在肉架子上了。

书生屠夫卖完肥猪肉，看到一旁的左宗棠还没有回家去的意思，大概是诗联瘾犯了，他呵呵呵地笑着，给左宗棠出了上联：

"小猪连头一百！"

左宗棠即刻应声答：

"大鹏展翅三千！"

书生屠夫和肉案前来买菜的乡邻都惊叹不已。书生屠夫用语寻常，左宗棠的对句却语出惊人。

"杀生命养生命，以命养命。"屠夫看他对答如流，又出一联。"将纸钱买纸钱，拿钱买钱。"能对上这一句，左宗棠是想起了不远处的那家纸扎店。他曾去细细地察看过他们怎么制作烧给亡人的冥钱。

屠夫几次出上联，左宗棠都即时应答。

擅长对对联的人，都得益于他们平时习惯了极细致地观察人与事物。这样，诗联对句才会言之有物，应对自如。左宗棠平时走路，喜欢边走边听边看，从来不错过眼前的一事一物，对很多事情都想去探个究竟。

当然，左宗棠不只是看什么都仔细，祖父教的诗书，他也一点儿都不马虎。六岁时，他就开始读儒家传道授业的基本教材"四书五经"：《大学》《中庸》《论语》《孟子》和《诗经》《尚书》《礼记》《易经》《春秋》。连这些书中的注解，他也不会放过，按照祖父的引导，一一细读弄懂。这样的阅读，对作对联是很有帮助的。

"哎呀，这不就是神童么？"书生屠夫看着他小小年纪竟在对对联上如此敏捷，欣喜地喊了起来，"这简直是神童！咱们东乡出了个神童！"

对联的事经书生屠夫、买肉乡邻的嘴说开去，十里八乡都知道了。东乡神童的称号，就这样传遍了乡野。

在东乡，一家人尽管吃不饱，倒也其乐融融。

东乡有祖父、有后山、有梧桐树，有祖父对他们六个孙儿的疼爱。

可是，东乡灾年一年接一年，田土收入越来越少，家境越来越困难。父亲春航公决定举家迁离东乡，到长沙谋生去。长沙有座左氏宗祠，父亲正好租借几间，打扫打扫，开馆收徒弟。

说是收徒，来的人也不多，左宗棠和哥哥们自然是跟着父亲读书的了。另外的学生，就是亲戚家的孩子和亲戚家介绍来的孩子。已经四十多岁的春航公，因自己已经考取功名无望，就把希望寄托在了他的儿子们身上。比起其他学生，父亲教左宗棠的两个哥哥要严格得多。他指望他的儿子们，今后能通过科考取得功名，谋得一官半职，好光宗耀祖。

左宗棠有着神童的美誉，又有祖父对他的宠爱，他常常拽着学兄们听他朗读诗文，很多时候，是听他朗读他自己作的诗文。朗读完了，他就会详细地解说自己的文字如何如何好，说了一遍又一遍，看上去丝毫不懂得谦恭。哥哥和同学们都有意配合他。春航公看他年纪尚小，也懒得管他。

只要看到了书，左宗棠就会想办法借到手。他看《三国演义》《山海经》《水浒传》，还看兵书。有时候春航公看见了，就会罚他，罚他背诵他教的功课。惩罚背书，这难不倒他。每次被罚，他就学着春航公的模样，把手背在后面大声背，背得字正腔圆，摇头晃脑，眼睛前面像有一本书打开着一样，常常惹得同学们拿书掩着嘴，偷偷地笑。

尽管因为偷看课外书，被春航公一再罚背课文，但他还是乐此不疲。春航公呢，后来也就睁一只眼，闭一只眼了。

就这样，左宗棠看了好多好多的史书，知道了好多好多英雄的故事。他仰慕历史书上那些有成就的英雄：像出使西域的张骞，投笔从戎的班超；像久经沙场的李广，料事如神的诸葛亮。特别是诸葛亮，他最佩服。他将诸葛亮的故事看了一遍又一遍，连做梦，都梦到自己成了诸葛亮。

这么多的好故事，他当然要在学兄们面前讲一讲。到后来，学兄们都开始习惯听他讲了。有什么办法？他的成绩让同学们不敢再小看他。尽管父亲没怎么教他，可连哥哥们都觉得很难的课程，那些要强记硬背的八股文，他也不在话下。

他早早就开始学习八股文，重要的是，父亲对他的八股文还挺满意。

"你们三个中谁来说说，'二桃'的典故出自什么地方？"

一次，又到了放学的时辰。父亲教完学生，单独留下了两个哥哥，还特意派人找来了左宗棠。

"这还用想吗？父亲，我知道。这个典故出自古诗《梁父吟》，是这样说的：'一朝被谗言，二桃杀三士。'"看两个哥哥还在琢磨，一旁的左宗棠说话了。

"'一朝被谗言，二桃杀三士'？宗棠，那你知不知道'二桃杀三士'这个典故的意思？你讲。"父亲说。"比喻借刀杀人！"左宗棠不仅朗声回答了父亲的问题，还讲出了故事的大致情节——

春秋时期的齐国，有一个叫晏子的大臣，他是一个很有智慧的人。有一天，晏子从公孙接、田开疆、古冶子这三个武将身旁经过，以礼表达了他对武将们应有的敬意。可这三个人呢，傲慢得很，他们只是斜着眼看了看晏子，没有起身回礼，这显然是对晏子的不敬。

晏子早就知道，这三个人在朝中横行霸道，目中无人。他们在诸侯面前耀武扬威，与群臣争夺权力，甚至在齐景公面前，他们也是傲慢得很，全然没有对君主应有的尊重。当然，他们成为这样的人，也有景公太放任他们的原因。

他们权大势大，还目中无人。朝廷中所有的大臣，没有一个可以与他们抗衡的，任他们这样发展下去，怎么得了？于是，晏子起了诛杀他们的心。他就去找君王景公。

"可这三个人力气很大，咱们如果与他们硬拼，恐怕拼不过。就算我们暗中刺杀他们，也未必能成功。"景公担忧地对晏子说。"这些人虽然力气大，但他们不讲究长幼之伦，咱们就从这里着手！"于是，晏子向景公献了一个计策，要景公派人找他们，只赏给他们三个人两个桃子。

景公马上照办，他派人找到那三个勇士，对他们说："你们三个人都有很大的功劳，就按功劳大小，去分吃这两个桃子吧！"勇士公孙接以自己打败了野猪和母老虎为由，迅速地拿起一个桃子，紧接着，勇士田开疆以接连两次击退敌军为由，也拿起一个桃子。

看到这个场面，勇士古冶子"咣"地抽出宝剑，像铁塔一样站在两人面前，说："我曾经跟随国君横渡黄河的时候，一条大鳖咬住了车轮左边的马，把马拖到了河的中间，是我潜到水里，顶住逆流，潜行了九里，才抓住那只大鳖，将它杀死了。有我这样的功劳，你们两个人还不快快把桃子交出来！"

听古冶子说完，公孙接、田开疆马上羞得满脸通红："我们的勇敢赶不上您，功劳也不及您，拿桃子也不谦让，这就是贪婪啊；然而还活着不死，那还有什么勇敢可言？"于是，他们二人都交出了桃子，刎颈自杀了。

"他们两个都死了，唯独我自己活着，这是不仁；用话语去羞辱别人，吹捧自己，这是不义；悔恨自己的言行，却又不敢去死，这是无勇。"古冶子看到两个好朋友死了，这也不是他想要的结果，于是他放下桃子，也拿出剑，一抹脖子，自杀了。

"就这样，公孙接、田开疆、古冶子，他们三个人都死了。唉，三个大大的勇士，竟然被两个小小的桃子杀死。"左宗棠讲完了这个故事。

"嗯！宗棠熟知这个典故，又回答得准确无误，小小年纪学到了哥哥们所学的知识，不错不错。"父亲夸赞道。

"只是这个故事里的古冶子，他在自杀前还说过一句话：'用话语去羞辱别人，吹捧自己，这是不义。'你好好想想，你是不是也有像他们一样不尊重别人的时候？"看到左宗棠聪敏过人，父亲很是高兴，但他这么小的年纪，丝毫不懂谦逊，父亲选择以这个典故，对他进行一番训导。

"是、是，父亲说得是……"听到父亲的训示，左宗棠觉得有些难为情。他不好意思地摸了摸脑袋，小声回答父亲。

可一个坏习惯要改掉，哪有那么容易？左宗棠有时候还是忍不住嘴，藏不住舌头，一时情急，有的错，还是会犯。

当然，他也有了许多改变，从此以后，别人说话，他不再抢过话头，做到了认真听、好好听。

第四章

乱世兄弟情

嘉庆、道光年间，中国的土地上出现了很多怪事。

比如，一些英国人结伴来到广州，他们想和广州的富人做生意，把英国人用机器生产的布匹等一些日常用品卖到广州，还想靠卖一种叫作鸦片的东西，一起做发横财的美梦。

大量的英国货物销售到了中国，广州及沿海那些原本靠手艺养活一家人的手工业作坊，一个个开始萧条起来。在英国商人的唆使下，有的人还没有弄清鸦片是什么，就开始种植一种叫罂粟的植物提取鸦片赚钱，有的人开始掏空家当，去吸食那些吞在口里就不想干活、让人醉生梦死的鸦片。

而在遥远的英国，他们的钱，不会用来吃这害人的鸦片。他们将大把的钱用来发明能很快织出一匹匹布的纺织机，发明能在地上启动车轮快速奔跑的蒸汽机，造出喷着气就能在水上跑的汽船。他们从过去的经济萧条，走向了经济富强。

这时候的清朝廷国库已空，他们可没有钱用来做这些事。由于长期闭关锁国，大清已经盛极而衰，走向了腐朽没落。国库没有钱，统治者就想从老百姓手上收取。遇上自然灾害，朝廷不但不拨款救济，还想收赋税，于是社会就开始动乱。

动荡的年代，为了祈祷族人的安宁，母亲余夫人常常带着左宗棠到离家十多公里的法华古寺去诵经。遇到灾年，她便带着左宗棠去典当行，卖掉自己值钱些的首饰，换来的钱，用去救济族人。

"母亲，你怎么把头上的这支簪子都卖了？这是你最喜欢的呀。"一次，左宗棠不解地问母亲。

"母亲不能眼睁睁地看着有人因为没饭吃，饿死在门前。这样，母亲晚上会睡不着觉的。"余夫人对他说。

左宗棠随着母亲去典当行，去了一次又一次。

父亲对两个哥哥寄予厚望。

两个哥哥呢，读书也十分用功。二哥左宗植十二岁时，早早就中了秀才；隔了三年，大哥左宗械也中了秀才。后来，两位兄长因考试成绩优异，相继被补录为由政府提供膳食的廪膳生。

眼见孩子们的喜事接二连三地传来，父亲忧郁的神情越来越少，脸上的笑容多了起来。他希望他的三个儿子都能通过科举考试，顺利走上建功立业之路。

可是，就从左宗械考上秀才起，他们家里开始屡遭不幸。

一八二三年，左宗械仅在人世间度过了二十五个春秋，就因病去世。

白发人送黑发人。父亲母亲受到如此沉重的打击，一夜间陡生了好多好多的白发，身体每况愈下。

母亲余夫人本来就身子羸弱，长子病故，更使她恹恹成病，即使三年后二子左宗植由拔贡生进京参加了朝廷考试，列为二等，授湖南省新化县训导，而且坚持接了她到身边去奉养，即使父亲借来银子花高价买来上好的人参给她补身子，也换不回她的健康，补不回她的身体了。

一八二七年农历十月十六日，年仅五十三岁的母亲离世。

父亲母亲一直琴瑟和鸣，伉俪情深。尽管以前生活清苦，父亲有了母亲的相扶相携，有了孩子们承欢膝下，天天有学生在跟前可以教读，他感觉到生活有的是奔头。夫人的离世，使春航公失去了最有力的依傍和陪伴。

春航公面对的不仅仅是失去夫人的悲苦，还有无法偿还的那几百两银子的巨债。

家里虽有薄田数十亩，在年成好时，还能收上来三四十石谷子，但这些也只能供家里十多口人勉强度日。倘若遇上年成差，田亩歉收，一大家子就很难熬过去。加上他们为族里建义仓捐米粮，经常借债，早欠下了不少。夫人病重时刻，春航公倾力借钱救治，夫人去世后打棺木办丧事，都花了不少钱。

母亲离世后，左宗棠看到的父亲，身子竟像矮了半截，那张瘦削的脸，越来越苍白。

看着父亲，左宗棠心里好疼，他突然觉得，自己已经长大。从那天起，他不再当着父亲的面流泪。晚上临睡前，他还会跑到父亲房间，去抱抱父亲的臂膀，以此来安慰父亲。

每到年底，债主会来到他们家。

　　形单影只的父亲好可怜，这个七代书香之家的掌门人，在此刻显得窘迫万分。欠债必还，父亲只好拿着家里稍好一点儿的家具、夫人剩余的廉价首饰到当铺里去当，得到一些微薄的银两还债。

　　左宗棠也会去当铺，只为当他家那只铜盆。

　　"你去典当，要八百文钱。等到有钱时，再去把这个盆赎回来。"父亲对他说。

　　第一次去，左宗棠有些羞涩。当铺柜台很高，但他还是抬着头、踮起脚，很大声响地朝当铺里掌柜喊话。

　　"当铜盆！当铜盆了！"掌柜听不见，他就大声喊。喊得多了，当铺里的伙计就丢白眼给他："怎么又是这个穷小子？"左宗棠听到了，也不当一回事，自己受点白眼不要紧，只要不让父亲受委屈。

　　有一次，他又去当铺当这只铜盆。

　　"只值五百文钱，不能再多！你爱当不当！"伙计只给了他五百文钱。"不行不行，父亲说的要典当八百文。你们欺负人！"这一次，左宗棠在那里与伙计大吵了起来。

　　左宗棠显然争不过典当行伙计。最后，左宗棠涨红着脸，憋着一肚子气跑回家。可快到家门口时，他停下了脚步，深吸两口气，装作没事人一般，笑模笑样地进了家门。

　　只是后来，辛苦操劳了一生的父亲，还是经受不住接连失去两个亲人的打击，没有等到他还清所欠的债务，就在夫人去世两年多的时候，也撒手人寰了。

左宗棠眼泪流干，这个世界上再也没有为他遮风挡雨的父亲母亲了！他随哥哥来到长沙城北的史家坡，找到了一处树木繁盛的偏僻地，把父母合葬在一起。

"有一件事，哥哥想和你商量。"

这天晚上，宗植哥哥表情凝重地对他说。

这是父亲母亲在世的时候，从来没有过的情景。

这是父亲去世后的第三十五天，兄弟姐妹在一起相守完父亲的"五七"。家里好安静，安静得可怕。姐姐们都回了婆家，家里只剩下了二哥和他。

"大哥已经不在，长嫂当母。为了侄儿世延的日子好过些，我们把田地给大嫂，好不好？"哥哥说。

"好。父母不在了，我凡事听哥哥的。"左宗棠小声应道，还没有说完，两行泪就淌到了嘴角。

父母不在，兄弟情在。两兄弟将所有的债务承担下来，家中四十多亩薄田全部送给了嫂嫂。父亲设在长沙的私塾学堂，也只能关门了。从此以后，他和二哥只能离开家，一个去上学，一个外出谋生。

二哥为他找的学校，是长沙的城南书院。

"孤雏肠断是黄昏"。没有了父亲母亲的日子，左宗棠每到夜晚便开始思念父母双亲。尽管二哥在外努力赚银子，但他的生活还是有了上顿没下顿，有时候连学费也交不上，这更使得他的内心苦闷不堪。

好在已经懂事的左宗棠，懂得用拼命习字、诵读诗文，来缓解对父母的思念。他暗暗发誓，一定要实现父母生前对他的期望。早在母亲去世前的那两年，他就参加了县试，次年又在府试中获得第一名。

只是，主考官看他年龄太小，就和他商量，将第一名让给了一位岁数较大的老先生。

嫂嫂，是天底下最好的嫂嫂。

没有了父母，嫂嫂像母亲一样，以慈爱呵护着、照看着他们两兄弟。没有了父母，嫂嫂的家，就是兄弟俩的家。

每逢年关，兄弟俩会回家。左宗棠回家做的第一件事，就是急切地把自己在学校一年间写的诗文，送给大嫂、二哥看，心里感觉得意些的篇章，还会当面吟诵给他们听。二哥呢，有时候与左宗棠讨论诗文，有时候还会和他讨论对国家事务的一些看法。

两兄弟虽是一母所生，但性格各不相同。有的时候，左宗棠会为坚持自己的诗文观点和对时局的看法，与二哥争得面红耳赤，一点儿也不相让。左宗棠诗文自然是极好的，但在校没有亲人的管束，性格毕竟还是放任得粗野了些。二哥知道，但并不责怪他。回到家里，左宗棠想说什么就说什么，说错了的时候，二哥也只是微笑地看着他。

兄弟俩有争执的时候，嫂嫂并不担心，也并不说话。嫂嫂会给每人温一杯酒。没有菜，就从老坛里抓出一小把腌制的酸菜，净净地洗，细细地切，香香地炒。喝罢嫂嫂的酒，兄弟俩早忘了在争执什么。

第五章

读『无用』之书

左宗棠喜欢写诗作文，对书法也越来越有兴趣。

有了小时候随母亲常去法华古寺的习字基础，以后每当看到哪里有楹联、碑记，他都会停留好久好久，用心临摹，常常一临摹，就舍不得离开。

"哥哥！哥哥！这本书借给我！"有一天，他从宗植哥哥的书案上看到了一本书，是唐人李邕《法华寺碑》碑刻拓本。他如获至宝，赶紧找到哥哥要借。

"这是我从劳崇光先生那里借来的，是要还的，你可不能弄脏了它！"哥哥说。"好的，哥哥！"听了哥哥的话，左宗棠赶紧放下书，到池塘边洗净手，用衣摆把手擦干，才重新拿起书本，跑回房间。

每晚，他都会在灯下临摹，生怕哥哥哪一天把书还了。

在豆苗一般大的灯火下，他先用毛边纸在临本上面描写，后来，他丢开临本，自己默写，一遍又一遍，直到写出来对比着看已经和临本差不多了，才还给哥哥。

就这样，他的书法开始有了大的长进。

以后，只要哥哥手上有好书，无论是书法，还是诗文，他准会借到手，当是捡到了宝贝，整天乐呵呵。哥哥总会借来不同的书，哥哥读的书，他都要读一遍。

慢慢地，他觉得哥哥手上的书，实在太有限了。

哥哥的书，除了应付科举考试的，就是书法、经典，而左宗棠呢，还希望看到更多的书。

十月，一个青年飞跑在湘江大堤上。

长沙岳麓山如同往年的深秋，早已是层林尽染，红枫满山。

这一天，骤起的寒风一阵紧似一阵，好多片、好多片枫叶随风飞舞，和着尘埃翻卷在湘江大堤上，给原本还存了几丝暖意的秋，添上了一抹浓重的萧瑟。

红叶渐渐稠密的大堤上，飞跑着身材矮小，衣着破旧的青年左宗棠。

左宗棠时而小跑、时而快步地行走在这个深秋的冷风里。他穿着单薄的棉布长袍，脸上是因长期饥肠辘辘泛出的苍白颜色，双眼却炯炯有神，嘴角露出的是与苍白的脸颊极不相称的欣喜之色。

他是冲着他向往了好久好久的一个书摊去的。

尽管他囊中羞涩，又遭遇上这么寒冷的天气，可他并没有觉得有什么不好。到了卖书的摊位边，他停下了脚步，开始细细寻找。终于，眼前一亮，他居然看到了一本顾祖禹的《读史方舆纪要》旧书，还有八成新呢。

他忙拿起书，蹲在书摊旁边细细翻看起来。

这本《读史方舆纪要》有一百三十卷，是一本记述古代中

读无用之书
壬宗总府於湘

国历史与地理的笔记。左宗棠一页页翻着，手就停不下了，他被书中所描述的山川险要和战守机宜迷住了。

"看你小小年纪，如此喜欢这本书，何不买回家去读个痛快？这类书现在除了我这里，可能再也找不到了。"卖书的老人看到他爱不释手，来到他跟前，提醒他道。

"先生，这本书多少钱？"他抬起头急切地问老人家。

"五百文，一个子儿也不能少！"老人家说。"太贵了，您能不能便宜一点儿卖给我？"左宗棠用手挠了挠头，有些为难，他实在拿不出这么多钱。

"我也是家道中落，拿书换几个钱糊口，不然的话，这样的书，我怎么舍得卖出去啊。"老人家眼睛湿润起来。左宗棠眼睛死盯着那本书，就是不舍得离开，可又不够钱买。

正犯难时，老人家说话了："看你是个真正的读书之人，我家原本也是读书之家。以前我像你一样，嗜书如命，懂得你这个苦，就四百文给你啦，要不要？""当然要！"左宗棠想都没想，就应了。

"你要是喜欢这类书，我家还有《天下郡国利病书》《水道提纲》，你买不买？"这个消息令他太兴奋了："买，都留给我买。我都要！"左宗棠欣喜地向老人家应道。他一直是借书读，借书来抄写。曾经听到过这些好书的名字，左宗棠却苦寻不得。原来，他竟可以从这位老人家手里寻得。

"您一定要留着，等我借钱来买。"左宗棠喜出望外，赶忙回家去。走之前，不忘对老人家再三叮嘱。

可一回家，他就犯难了。

找谁借呢？那就找读书的几个好朋友去借罢。

可是，朋友一个个都笑话他："你不读四书五经，读这些？""《天下郡国利病书》这些书哪怕你看懂了，看通了，与你又有什么相干的呢？"

"我看了《读史方舆纪要》，它讲的是山川险要，《天下郡国利病书》，讲的是分省的地理学说，还有《水道提纲》，记录的是国家的河流。这些书都是对治理国家有大用的书呢！"左宗棠急忙与他们分辩道。

"季高兄，你一个连饭都吃不饱的读书人，你莫不是还想以后能靠读这样的书当大官、管理国家的大事？你是痴心妄想吧？""你读这些无用之书，不如现实一点儿，多读些可以参加科考的八股文章，先去考个举人再说。"

"你母亲生病后，已经耽误一次考试了，如果再花时间去读这些杂书，恐怕你又会落得个名落孙山！"朋友好心劝导他，也提醒他。

左宗棠一旦决定了要去做的事，九头牛也拉他不回。想尽办法借到钱后，他连饭都顾不上吃，就赶往老人家的摊位。他担心去迟了，老人家会将书卖给别人。

捧回顾炎武的《天下郡国利病书》、齐召南的《水道提纲》，他读得如痴如醉。他将其中的精华部分——抄写，根据自己的理解，加上评语，分类保存下来。

《读史方舆纪要》和《天下郡国利病书》这两部书，是以历史和地理相互印证而写成的，对治理国家很有实用价值。这样的书，区别于空洞无物的八股文，等于为他打开了另外一个知识的世界。

每一本好书，他都会读好多遍。

他开始认真思考国家地理和军事方面的事情。

他并不读死书，而是边读边思考，并随时抄写下重要的文字，随时记下所思所想，所疑所虑。他在通读《读史方舆纪要》后写道："《读史方舆纪要》虽然也有一些疏漏，有的议论看来也有很多欠缺，但作者对于古今成败的历史脉络和彼此之间势力的抗衡，却相当熟悉。魏源称，这部书谈'取'多、谈'守'少，谈'攻'多、谈'防'少。这个评价其实不对。山川形势往往随着时势变化而不断变化。因此，在现实中如何取、守、攻、防，需要针对不同的地方采取不同的策略。"

读一本好书，就是与一位智者对话。

大量的阅读和思考，开拓了他的胸怀和视野。

他在阅读方面花费了大量的精力和时间，也从阅读中掌握了好多的实用知识，包括做人的道理。

在阅读中，他看到了那些成功的人，有才能的人，都懂得谦虚，而不是像小时候的自己，心高气傲。他把有限的时间投入到实用之书的阅读上。他的学识见解，日益精进。

一个人的阅读，需要学识广博的老师点拨和指导。

很快，他的命运里就有了两位让他终生难忘的名师。

第六章

结缘两恩师

"有位大学问家要来长沙了，听说，他的藏书可多了！"

就在左宗棠为没有钱买书、没有老师指点而时常苦恼的时候，命运为他打开了幸运之门。

一八三零年农历十月，不只是一位，而是两位赫赫有名的大人物，来到了长沙，他们就是当时担任江宁布政使的贺长龄和他那担任湖北学政的弟弟贺熙龄。他们两兄弟都因学养深厚、才华超群闻名。

左宗棠早两年就从贺长龄与魏源一起编辑的《皇朝经世文编》一百二十卷里，见识过了贺长龄的学问和胸襟。

《皇朝经世文编》这本书，收集了清朝初期很多实用性的文章，包括地理、水利、军事、农业、海事。在当时，这算得上是一本奇书。在读这本书之前，左宗棠就开始沉迷于地理、军事等实用学问的研究了。

这是送上门来的老师，左宗棠哪能放过这个请教的机会？但是，他还是有一些忐忑，他从来没有见过大人物，甚至地方小官都没见过。"我可不能错过这个大好的机会。他应是很难得回一次乡的，说不定，待个三五天，他又得走了，机会就没有了。"他暗暗给自己打气，鼓劲。

"他会在老家三年，暂时不会走。"打听到这样一个好消息后，可把他高兴坏了！原来，贺长龄是因为母亲去世了，和同样身为朝廷命官的弟弟贺熙龄一道，回到长沙老家来"丁忧"的。在清朝，有一个规矩，如果做官的人父亲母亲去世了，朝廷就会放官员三年的假，让他辞官回家守孝三年。

转眼已是冬天。漫天大雪下了三天三夜。

潇湘大地已是银装素裹，一座座房屋、一树树冬枝，犹如冰雕玉琢，清雅脱俗。

好不容易打听到贺长龄在长沙的住所地址，左宗棠煨了两个红薯揣在怀里就上路了。他走在凛冽的寒风中，走在纷飞的雪花里，路上的雪，晃得人睁不开眼。十多里路，他走了小半天。

终于，他来到了定王台的贺公寓所。

左宗棠用雪块把鞋帮子上的雪泥擦净，躬身爬上高高的麻石阶基，然后搓了搓那双快要冻僵的手，挺挺胸，惴惴不安地叩响了贺长龄家的红漆木板门。

门开了，一个鞋底都走脱了缝线的乡下小子，披着一身雪花，出现在贺家看门老人面前。

贺长龄早在安排老家人砌房子时，砌好了一间藏书楼。楼里收存着他毕生得来的好书。窄小的木梯上去，就是很大的一片书架。当这个冒失的小伙子找上门，与他提起他编辑的《皇朝经世文编》时，他不敢相信，老家还有这样好学的少年郎。左宗棠的到来，令贺长龄心头一震。

　　远离了繁忙的朝廷事务，有了时间徜徉在老家的山水之间，贺长龄白天上山倾听鸟叫虫鸣，晚上望月思念父母之恩。但长时间的安闲日子过下来，心头也慢慢有了孤独和寂寞。渐渐地，他开始和屡屡上门的左宗棠一起交流诗文，讨论时局。

　　"你认为，亡国与亡天下如何辨别呢？"贺长龄提出问题，既是试探左宗棠有何见解，也算是相互探讨学问。

　　"自古以来，就有亡国的事，也有亡天下的事。易姓改号的，叫作亡国；仁义的道路被阻塞，以至于人与人之间也是争得你死我活，不分输赢不罢休，这就叫作亡天下。因此，首先要明白怎么保天下，然后才知道如何保国家。保国家，是身居高位的皇帝和大臣们所要考虑的；保天下就不一样，即使是地位低下的普通百姓，也都是有责任的。"贺长龄听了，暗暗称奇。

　　左宗棠从小只接受过祖父和父亲教导，所得学识一直还停留在家庭教育的范围。贺长龄成了他的第一位授业解惑的老师。他们年龄原本相差一代人，却成了忘年之交：

　　"我阁楼上藏了很多书，只要你喜欢读，用心读，我都可以借给你。你不需要再去买书了！"

　　贺长龄十分赏识他，见他好学，又没有钱买书，就毫无保留地对他敞开自己的藏书楼。

每一次左宗棠来还书借书，他都亲自到楼上取书，一次又一次，不厌其烦。

看到左宗棠捧着他的一本本书，如获至宝、如饥似渴的神情，贺长龄的自豪感油然而生："我离开朝廷，回到老家，还能为国家培养栋梁之材，何乐而不为！"每每看到左宗棠带着满足的神情抱着他的书本离去，他都特别欣慰。

每还一次书，他们就会有一次倾心的交流。就这样，左宗棠跟着贺长龄读了不少书，也跟着他长了不少见识。

贺长龄是嘉庆、道光两朝有名的大臣，道德学问深厚。他和左宗棠交流几次后，发现他年纪虽轻，见识却不同凡响，断定他今后是做大事业的人："我们的国家真正需要的人才，现在还十分缺乏。以后，你千万不要急急忙忙地随便去找一个小官职就任，这样会限制你的才能发挥。

"你要记住，你一定要耐心等待，去从事一项能够充分发挥你才能的事业，不然，就是大材小用啊！"

贺长龄以国士之礼待他，勉励他目光长远，为国效力。

贺长龄还将左宗棠介绍给了弟弟贺熙龄。

贺熙龄自从回乡丁忧后，便不想再回湖北。他接受了长沙城南书院山长的位置。

贺熙龄像他哥哥一样，也十分注重学习的实用性。他把汉宋以来实学家的著作拿出来，一本一本教学生读，这样的教学，正好符合左宗棠的兴趣喜好。城南书院里有瀑布小溪终年不涸，有松樟翠竹浓荫铺地。贺熙龄常常带着他的学生们走出课堂，流连其中，听他的学生们对着蓝天白云畅述自己的理想。

也就在这样的教学里，贺熙龄发现，左宗棠是出类拔萃的。他尊重老师，行为举止规范，自立意识特别强，他对时事的见解也不同于众人。有了贺熙龄这样的好老师，左宗棠学习得特别开心。生活中，也有了像罗泽南、丁叙忠这样志同道合的好朋友。

可是，就在师从贺熙龄一年后，左宗棠由于家境困难，已经交不起学院的学费了，一时面临退学的艰难境地。贺熙龄得知后，极力推荐，左宗棠得以来到了岳麓书院湘水校经堂读书。

在湘水校经堂，贫困的学生可以领到伙食费。

不仅如此，这所学校还是湖南巡抚吴荣光仿照他的老师阮元创办的一所经世致用的学堂。

岳麓书院和城南书院，都是以经世致用的学风著称于世。湘水校经堂就设在岳麓书院内。学堂要求学生学习农桑、钱币、仓储、漕运、盐课、榷酤、水利、屯垦、兵法等实用学问。在这所学堂里，左宗棠七次取得第一名，吴荣光大为赞赏。

左宗棠十分珍惜与贺熙龄的师生情谊。在这所新学校里，只要他有了学习上的成绩，思想上的心得，就会写信告诉贺熙龄；遇到了内心的困惑或不顺心的事，也会写信向贺熙龄倾吐。九年如一日，不曾间断，两人感情更加深厚。

他还会写信和贺长龄一起讨论国家大事。贺长龄有了好书，也会想到他，自己看过了就会借给他看。贺长龄、贺熙龄是良师，又是益友。也正是从与贺长龄、贺熙龄两位老师不断加深的交往中，左宗棠及时了解到了国家内忧外患的形势。

时光如白驹过隙。一八三九年秋天，已是监察御史的贺熙龄就要回北京了，左宗棠和同学们齐聚在长沙城南，为老师送行。

傍晚的夕阳，醉红在天际，像是他们喝红了的脸庞。

老师要走了，同学们送了一程又一程。最后，左宗棠执意和贺熙龄老师最好的朋友罗研生一道，把老师送到了湘江边。

贺熙龄经汉口，夜抵九江。

那一晚，月华似水，独步江岸的贺熙龄，看着碎银子一般波动的江水，突然想起了在湘江边城南书院，与学子们一起漫步松林叙谈的时光，想起了才情俱佳的左宗棠。

九月湖湘水倍清，卷云亭上故交行。

六朝花月毫端扫，万里江山眼底横。

开口能谈天下事，读书深抱古人情。

而今迈步从头越，莫叹前程未可寻。

他写下这首《舟中怀左季高》，表达自己对左宗棠的赞誉与期望。他于诗中加注说："季高近弃辞章，为有用之学，谈天下事，了如指掌。"

第七章

身无半亩忧天下

在湖南湘潭，有一个富家女孩，叫周诒端。

她自小便会写诗，妹妹周诒蘩也是。她们的母亲周夫人更是了得，还将她的居所取名为"慈云阁"。《慈云阁诗钞》，就是她及家中女眷们的诗集。

如左宗棠三兄弟由父亲教导一样，她们家两姐妹由母亲教导长大。

周诒端父亲周衡在，早在左宗棠的父亲左观澜在世时，他们俩就有了交往。一个是靠做粮食生意起家的有钱富商，喜诗好文之辈；一个是七代秀才、乐善好施的读书之人。周衡在夫妇看重左观澜对子女的教导，看重左家在当地的声望，便有意和左观澜定下儿女亲家，将周诒端许配给左宗棠。左观澜看重周家在商界有诸多的良善之举，特别器重子女读书，很乐意地答应了这门亲事。

然而，世事难料，当儿女们长大，左父左母皆已亡故，左宗棠成了连生活都没有着落的穷小子。但没料到的是，尽管周衡在已经去世，周夫人依然信守承诺，用心操持着这门亲事。知道左宗棠没有房子，他们在周家大院桂在堂，择了上好的正房，张灯结彩，准备好洞房花烛。

一八三二年八月，二十岁的左宗棠，便这样由宗植哥哥送到了周家，做了上门女婿。

"桂在堂，讨个郎。"

"桂在堂，讨个郎。"

……

"哎呀，你们看，那就是周家的上门女婿！"在当地，做上门女婿是最被人看不起的。结婚后，左宗棠免不了会被旁人说三道四、指指点点。

"别管他们说什么，你都是这个家的主人，是我的好郎君。"好在夫人周诒端心地纯良，疼着爱着左宗棠。她要家里人好茶好饭待他，不让他下地干农活，自己从早到晚一心陪伴他读书习字。

周太夫人也把女婿左宗棠当作儿子一样看待。

父亲母亲都不在了，左宗棠迫切需要一个身份来谋生，也需要尽早地走出社会，施展自己的抱负。在当时，通过科考取得功名，是唯一的捷径。一八三二年秋，左宗棠参加了湖南省乡试。乡试发榜的日子，周诒端早早邀了妹妹去看榜。"找到了、找到了——左宗棠，举人，十八名！妹妹快看！"周诒端不仅看到了夫君左宗棠的名字，还看到了左宗棠的二哥左宗植的名字。左宗植喜中解元，也就是举人第一名。

喜上眉梢的周诒端马上为他们兄弟俩准备赶考的行装，希望他们再次赴北京赶考，争取考取进士。这样，夫君左家，就能光宗耀祖了。

只是，左宗棠这一次去北京会试，结果是名落孙山。

两年后，左宗棠又到北京参加会试。这一次，他喜获第十五名。可是，就在发榜前，主考官发现湖南取中的名额已经超出一人，而湖北省刚好缺少一人。因此，他的录取资格被撤销了，改取了湖北的一人。

左宗棠这次虽然与"进士"的功名失之交臂，但被录取为誊录。誊录，也就是在政府的机构中做些抄写事务的吏员。在当时，这也算得是一份好工作。但去不去做这份差使？他很矛盾。

"你要耐心等待，去从事一项能够充分发挥你才能的事业，不然，就是大材小用啊！"正当他左右为难时，他想起了恩师贺长龄说过的这句话。最后，他婉拒了这份工作，回到了桂在堂继续研究他的学问。

他知道读书人只有先通过科考取得了功名，才能尽早地谋取到一个好差使，养活一家人，可他又不愿意走一般读书人的老路。他想求得的学问，是对治理国家有实际用处的、对老百姓生活有帮助的经世致用的学问。

也正是因为这个，他荒废了对那些用于科考的八股文的学习，所以几年过去，左宗棠在周诒端的鼓励之下，虽两次到北京参加会试，结果都是名落孙山。

只是，谁又能说，左宗棠去北京赴考，是白白地浪费了时间，浪费了精力和财力呢？

我们看看他在多次赶考途中，做的比金榜题名更重要的那些事吧——

"现在春榜已发，我已南归。眼前国事中最难办理的，莫如垦荒、救灾、盐政、粮运、治河等事。将来，我要做的事，是根据现实需要，搜求研究这方面急需的实学，估计要等到十多年，才会有些成效。"

早在他第一次会试落榜，于离京回家的途中，他就给旧年乡试主考官徐法绩写了这样一封信。

为了解西域事务，左宗棠又去求见了徐松。徐松当时很有名气，他博学多才，尤其擅长地理的研究。徐松将他写的有关新疆的著作《西域水道记》送给了他。这为他了解新疆、后来建设新疆提供了最好的参考学习资料。

他还拜访了一位大名人，那就是博古通今的阮元。阮元提倡朴学，主编了《经籍纂诂》，校刻过《十三经注疏》《皇清经解》。他在数学、天算、舆地、编纂、金石、校勘等方面是有名的专家。

他还拜访了同乡胡林翼。胡林翼是湖南益阳人。他担任过江南乡试的副考官。这个人心怀宽大，善于发现人才，引荐人才，舍得为人才出大力，甚至贴银子办事也在所不惜。因为他的乐趣，就是不遗余力为国家推荐有实学的人才。

左宗棠还结识了很多人，这些人后来都成了他的好朋友、好老师。

从左宗棠的诗文里，可以看到他的远大抱负。

虽然两次会试都落了榜，但他却用另外一种方式，向清朝廷交上了一份心忧天下、经世致用的优秀答卷。

"西域环兵不计年，当时立国重开边。"

"置省尚烦他日策，兴屯宁费度支钱。"

赶考途中，别的考生一般就在猜测考题，把心思用在臆想中的考卷上，左宗棠却沉浸在自己的忧国忧民情怀中。

"国无苛政贫犹赖，民有饥心抚亦难。

天下军储劳圣虑，升平弦管集诸官。"

来到京城，当看到王府门前车水马龙，王公贵族锦衣玉食，到处一片歌舞升平的景象时，他想起在来京的路上，民间处处有饥荒，路边时时有饿殍，他写下诗篇，来表达心中的忧思。

在这些诗中，他抒发对国家安危和贫苦人民生活的担忧，提出好多关于国计民生、长治久安的策略。"报国空惭书剑在，一时乡思入朝饥。"在诗中，他感叹自己人微言轻。

在这些诗里，他看到了西域新疆存在的问题。

他提出要把新疆建省，要动用军队的力量，帮助新疆搞好建设。他还注意到了西北的养殖和运输的困难。"邾小可无惩虿毒""五岭关防未要疏"，他已预见到西方的很多国家，将会成为我们中国的边防大患，建议国家加强国防建设。

返回湖南途中，要经过湖北武汉。

这一次，他看到了暴涨的洪水。这也是有史以来最令人瞠目结舌的一次洪灾了。

狮子口堤坝溃决，江水泛滥成灾，他搭乘的船只在淹没的树木、房屋上面航行，船工的竹篙，竟然插在屋脊上划过！

重要的是，他看到了船的速度比往常快了好几倍。

这次灾难图景给予他另一个启示：要从更大的范围来疏通河道，要充分利用水这一有利资源，改变落后的运输方式，这样可以减少时间成本和运输成本。

这一次灾难经历，使他更加坚定了潜心研究地理学的信心。什么是经世致用的学问？这就是。这也是他立志要画出全国地图的缘由。

到了二十五岁时，左宗棠已因为自己多次赶考，花费了大

身无半亩，心忧天下

壬寅于湘槛世

量的时间、精力和银子。"既然科考屡考屡败，不如自己先做点有用的学问。"为了不给岳母家里添负担，也为了更好地研究实学，一年后，左宗棠搬出了岳母为他们安排的大婚房，向岳母租借了几间小房子，也就是桂在堂西院。

就在这个偏院里，他昼耕夜读。

左宗棠苦读，周诒端总是陪伴在左右。

她知道他是有梦想的人，她要成全他的梦想。

这时候，左宗棠的梦想，是画出一幅全国地图。左宗棠发现，古今学地理的人，大多是根据古籍上的图文学习，而千百年来，地理不断地随着自然环境的衍变而变化，图志记载上却很少更改；而且他看到的所有通行地图，都漏洞百出，早已过时，不能再使用。

他以书籍中的描绘和各地的地图为基础，一边画，一边改；周诒端则备好点心，煮好茶水，手捧一册史书在旁边慢慢看。遇到他有疑问的地方，周诒端就找出书来，帮他细细查找，找出来，两个人再互相商讨。他定了稿的图，就交给周诒端描。

终于，周诒端描绘出了一幅五彩皇舆图。图有九尺宽，九尺高，以一百里为一个方格，以五彩颜色细致描绘。左宗棠在这幅图中又加进去了分省分府的地图。

无法画细致的地方，再用文字进行说明。

身无半亩，心忧天下；
读破万卷，神交古人。

他写下这副对联，悬挂在书房内，用来勉励自己。他白天耕种田地，夜晚苦读地理学和兵学。读书读得疲了乏了，就在周家的田地里，动手种植庄稼、蔬菜和果木。慢慢地，种植庄稼、蔬果，成了他的一大乐事。

有一天，他突然想起赴考经过河北栾城时，在街上看到知县桂超万张贴的一纸布告，里面的内容，是详尽的棉花和白薯的种植办法，当时，他把那些要点全记在了一个小本子里。他赶忙翻箱倒柜将小本子找出来，马上着手做实验。

也就是在周家桂在堂，他开始了对农田种植作物的研究。

他看农书，不是一般性地翻，而是细读，反复读。针对有限的农书里提到的技术，他到田地里一一做实验，竟有了不少收获。他发现把有的作物分片来种植，有的作物间隔着种，产量会高一些。比如采摘棉花在秋天，在棉花空隙里种上油菜，扯掉棉花梗后的地里，就栽芥菜。

他种下的果树，到了次年阳春三月，便可以收获鲜红的桃子；春末夏初，可以采摘火红的李子；秋天，有金黄的橘子可采两三担回家，供一家吃到冬天。蔬菜随季节耕种，周家天天都有了新鲜果蔬吃。

那些吃不了的，他学着祖母的模样，将鲜菜择净，摊到太阳底下晾晒。等太阳的热气散尽，再搬来一个大木盆，将菜的茎叶细切，一层鲜菜一层盐入坛，用拳头压实，直到压出墨绿墨绿的汁水来。不消半月，腌制的酸菜就晶黄晶黄的了，让人馋涎欲滴。

他根据实验数据与结果，还写下了《广区田图说》。

第八章

陶澍上山

一天，桂在堂门前，来了一位尊贵的客人。

来人身着官服，却有着儒雅气度。他就是湖南巡抚吴荣光。巡抚大人造访桂在堂，惊动了邻里。巡抚大人径直来到西院去见左宗棠。

"你学养深厚，闻名遐迩。我们的学校，就是要培养更多像你这样有实学的人。我想请你到醴陵渌江书院当山长，不知可否赏脸？"

左宗棠原本想以农为业，潜心苦修农学、地理学和兵学，但听说书院还招收了一些贫困学生，想到自己少年时代求学时的艰辛，左宗棠还是去了。

"老树千年惟鹤住，深潭百尺有龙蟠。僧居却在云深处，别作人间境界看。"书院门前，有千年古樟，古樟下，刻有明朝思想家王守仁的诗句。在书院的右下方，有一池泉水，叫洗心泉。泉水清澈见底，小鱼儿嬉戏其间。

书院面向渌水，三面环山，真是一块静心读书，修身养性的好去处！

但在醴陵渌江书院，他没有时间将自己流连于大自然的美景里。他对学生的要求十分严格。他亲自发给每个学生一本日记本，要求他们每天将所学的内容——记载下来。太阳下山之后，他就会收回，放学生们回家，自己将学院的大门落好锁，一本一本地查看学生的功课。

每隔一段时间，他会对勤奋好学的学生实行奖励；对懒惰的学生实行惩罚；对不用功还撒谎的学生，停发他们的学习补助。有了这样的奖惩，学生们进步都很快。

他利用自身所学，潜心修改学院以前的教材。删除了经史子集中空洞的说教部分，增加了舆地、兵法和农经等课程。也正是在这里，左宗棠培养出了一大批国家实用人才。在他后来出任陕甘总督时，先后有渌江书院学生数十人跟随，为国效力。

广东提督、统带水师张拔萃，甘肃提督余明发，闽浙副将、镇威将军林传榜，三品衔分省补用道张云级，都是他在这里培养的学生。

为了这些学生，他常常忙到很晚。

有一天，醴陵知县上山来了。原来，他是为两江总督陶澍来醴陵的事，来见他这个有名的地方贤达的。

"陶澍总督要到江西阅兵，已向皇帝请好了假，他会顺路回到家乡看看，为双亲扫墓。到时他会经过咱们醴陵，居住在我们的行馆里。陶澍总督在任上十分顾惜农人，受人称颂。山长写得一手好诗联，我想请山长写一副楹联，悬挂在他居住的行馆，以尽心意。山长意下如何？"

"我当尽心尽力，请知县大人放心！"左宗棠应了下来。他早就听说过陶澍总督大人，他可是一位提倡经世致用的实干家，任过翰林院编修，后升为御史，曾先后在山西、四川、福建、安徽等多省担任布政使和巡抚。他在担任两江总督期间，督办海运，剔除盐政积弊，兴修水利，还设义仓救济贫困。道光皇帝对他十分喜爱，曾在一个月内，召见过他十四次。

左宗棠稍稍沉思，便写下一联，交给知县。

陶澍总督经过湖南的时候，正是千花万树迈过了冬天的门槛，草木之气争相萌动之时，只见千树吐绿，万枝绽红，好一派江南春光。陶澍来到行馆，身处家乡夜，眼望窗外皓月，自然想到承欢父母膝下时的快乐时光，如今却子欲养而亲不待，不觉哽咽。

也就在他抬头之际，他看到了这样一副楹联：

春殿语从容，廿载家山印心石在；
大江流日夜，八州子弟翘首公归。

"印心石啊印心石，你是我陶家世代流传下来的一块光宗耀祖的匾额，你也是我在外奔波劳累时，日思夜想的故土家园啊。"看着这副楹联中嵌进了"印心石"三个字，陶澍的双目久久不愿挪开，看得自己热泪盈眶。

陶澍小时候随父亲读书的地方，叫小淹，资水流经家门处，两岸石壁屹立，下面形成了一个潭，叫石门潭，河水清莹

透彻，水深几十丈。潭中有一块方方正正的石头，从水中央冒出来，形状就像一枚印章。陶澍父亲很喜欢这处小景，就把陶家的书房，取名为印心石屋。

就在道光皇帝第十四次召见陶澍时，皇帝问起了他家乡的情况。陶澍一时怀念起父母故土，当着皇帝的面，就绘声绘色地讲述了他小时候，在印心石旁和父亲一起读书的故事。道光皇帝听入了迷，就亲笔为他题写了"印心石屋"四个字。

左宗棠便是以这个典故，结合总督家世写了这样一副对联。

"写这副对联的是谁？速速告诉我，这人可是个奇才！"总督大人问知县。"这个人叫左宗棠，是有些真才实学，现担任醴陵渌江书院的山长！"知县马上应答。陶澍原本就是一位爱惜人才的官员，有了对联上的"印心石"这三个字，他更要见一见这个叫左宗棠的人了，忙催着知县叫人来会馆相见。

可谁知，知县去请了左宗棠几次，左宗棠都以要批改学生作业为由，婉谢陶澍的邀约，没有来行馆见面。

"他做他的总督，我做我的山长。我太忙了，他想与我会面，他就上山来见面好了。我天天有要紧的事务忙着，且又无事找他，我为什么要浪费宝贵的教书时间，丢下我的学生去见他呢？"最后一次，左宗棠一边头也不抬地批改学生作业，一边竟然这样对知县说。

知县见自己亲自去请也没有用，只得对陶澍总督说了实话。

"对呀，他说的是对的呀！是我找他，原本应该是我去看他的。"没想到陶澍听了后，非但不怪罪他，还面露喜色，马上站起身来，"走，我们现在就到山上找他去！"陶澍走得快，他气喘吁吁地往渌江书院赶，遇上不好走的路，他就一只手撩起袍子下摆，一只手别开野藤枝蔓，顺着蜿蜒的山路慢慢走。当好不容易爬到山腰，眼前出现"渌江书院"这几个字时，他们已是大汗淋漓。

"我说过我有学生事务要忙，没有时间去见总督大人，你怎么又来催我了？"左宗棠正在批改作业，看到一道熟悉的暗影瞬时挡住了他的光线，他从书案上抬起头，对再次上山来的知县埋怨道。可就在抬头间，他看清了跟着知县上山来的，还有一位年长的陌生人。

听了知县的介绍，左宗棠不好意思起来，忙端椅倒茶给陶澍总督："晚生着急忙学生们的事，失礼了！"他哪里会知道，总督大人真的会上山来寻他。

"山长先生，错在我呀，是我逼他来的。我应该早些上山来看你的。"见到了左宗棠的总督大人，不仅没有责怪他，还面露愧色，主动解围。初次面见总督，左宗棠并没有显得拘束，言谈举止，符合礼节，虽然地位悬殊，却也不卑不亢。半天时间，他们由开始的客套、试探，到相谈甚欢，互相引为知己。

日落西山，暮色四合，总督大人虽然谈兴正浓，但不得不回行馆休息。来而不往非君子。第二天，左宗棠赶忙下得山去，到行馆回拜总督大人，两人纵论古今，聊到深夜，无所不谈。"今天不许走，就在行馆住下吧。"那一夜，他被总督大人留宿在了总督行馆。

陶澍总督原本就是一个注重实学之人，他认可左宗棠的才学，对左宗棠中不中进士，并不是太在意。但陶澍还是鼓励他再去考一考。对于国家，左宗棠今后定是一个不可多得的可用人才，他必须给他一些帮助。可怎么帮助呢？他一时还没有想好。

"这次会试结束后，不管你是中了，还是没有中，你一定要绕道来南京，到我总督府住几天。"第二天分手时，总督嘱咐他。

第九章

小淹陶家坐馆

没有想到，左宗棠第二年的会试，还是落了榜。

按照与陶澍总督的约定，心情有些低落的他，还是绕道到了南京江宁，在总督府住了十多天。

陶澍总督白天事务忙，不忘派出自己的部下陪左宗棠谈古论今。晚上，他总会找出一些时间来和他说说话，话语无一不是鼓励有加。陶澍总督手下原本就有许多能人，如林则徐、贺长龄、贺熙龄、胡林翼，这些都是左宗棠喜欢、仰慕之人。

总督大人惜才、爱才。像左宗棠这样有才能的年轻人，陶澍总督总想着要鼓励他为国家出力。

这一天，左宗棠就要走了，陶澍总督执意送了左宗棠丰厚的盘缠。他对左宗棠说："会试落榜，不要灰心，还是一句老话，你多学点经世致用的学问，将来一定会对国家有大用！"

陶澍总督在了解到双方孩子们的年龄性别后，主动向左宗棠提出，两人结为儿女亲家。这一年，陶澍的儿子陶桄五岁，左宗棠长女孝瑜四岁。

"这怎么可以？先生是高居庙堂的总督大人，我只是一个乡下教书人，不成不成！"左宗棠想到两个家庭的地位悬殊，不敢高攀，婉拒了陶澍总督的好意。"你说错了！如果论门第名位，你将来功业必定会在我之上，只要孩子年龄相当就行了！"陶澍总督紧紧握住左宗棠的手，"我已年老，将来幼子和家事都还要托付于你。"

陶澍那时已有六十岁，已入老年，左宗棠才二十六岁，正当盛年，两人相差有三十四岁。左宗棠考虑到地位悬殊，哪怕陶澍再三坚持，他还是不敢答应。

陶澍难免心存遗憾，只得将这件事拜托夫人。

一年的时间很快过去。

没有想到，南京一见，竟是他们的诀别。

"左宗棠，告诉你一个不好的消息，陶澍总督大人离世了。"一八三九年的一天，左宗棠收到了贺熙龄老师的来信。

"我自知不久于人世，心中最大的担忧是儿子陶桄太小，还需要长辈的悉心教导和扶持……求来日你能受聘为师到我家，教诲此子成才。"左宗棠手捧着陶澍总督去世前写给自己的亲笔信，似乎看到了陶澍总督老泪纵横的模样。

很快，陶夫人派人来到了他们家，问他是否愿意去陶家。

没有任何犹豫，他以最快的速度处理好家中的事务，只身来到安化小淹陶家。在陶府厅堂，他看到的陶夫人，脸色苍白，比那年看到的模样消瘦了许多，而还不谙世事、年仅七岁的陶桄，正一个人坐在角落里对着一棵树发呆。一时间，他觉得肩上的担子有千斤重。

是的，他们一家，正处在他无法想象的艰难之中。

这一年，世道动乱，民不聊生。饥寒起盗心，有的地方偷盗、抢劫成风。甚至有些亲戚也打起了他们孤儿寡母的主意。

"现在他们有困难，夫人不如拿些钱财，诚心地分送给这些亲戚邻居。他们有了饱饭吃，一定会感恩戴德，以后有用得上他们的时候，他们定会帮助到夫人的。"左宗棠和陶夫人商量对策。他分析这样做的好处，也讲明不这样做的坏处。

陶夫人照着他的话去做，果然见效。

在安化小淹的日子有喜有忧。

在陶府，左宗棠用心帮着这一家孤儿寡母，尽自己的才学教导着陶家幼子。见邻家有孩子也想送来，他也照教不误。有左宗棠撑着这个家，慢慢地，陶夫人与亲邻关系有了改善，开始用心治理家园，陶家日子慢慢恢复了生机。

在陶府，左宗棠悉心教导陶桄，陶桄学业长进很快。陶夫人对左宗棠万分感激，给予他的酬金，足以让他养活家小。没有了后顾之忧，一个个夜晚，左宗棠把很多的时间沉浸在陶家的藏书里，读破万卷。陶澍在山西、四川、福建、安徽等多个省份担任过布政使和巡抚，藏书丰富。

陶家的藏书，有清朝的法律法规，还有陶澍给皇帝写的奏折、书信。在这些珍贵的资料里，他得知了英国早已和浩罕汗国暗中勾结，对中国有不轨之心；还得知了有个外国人曾经制造过水雷，想献给朝廷，但朝廷没有引起重视。

陶家的藏书，有他喜好的军事、外交、地理等方面的书籍。他从《图书集成》里细细研读《康熙皇舆全览图》《乾隆内府舆图》。这些图册，解除了他心中的很多疑惑。也正是在这样的研读中，他得以校正夫人周诒端绘制的那张地图的错处。

后来，这张重新修正过的地图，为他协助朝廷治理国家，收复新疆发挥了重大作用。

树欲静而风不止。也就在左宗棠来安化小淹陶家坐馆的第一年，国家发生了一件大事：鸦片战争爆发。

一八三九年六月三日，钦差大臣林则徐带着官员们来到广州明察暗访，强迫外国鸦片商人交出鸦片，下令收缴了所有鸦片。一时间，海水浸化法使广东虎门海滩升腾起团团烟雾，总共有约一百二十万公斤鸦片被陆续运送到那里销毁。被鸦片害惨了的人们，奔走相告，成千上万的人赶来观看这一千古奇观。

这次虎门销烟，扬了国威，却使中国和英国的关系紧张起来，后来，还成为英国侵略中国的借口。他们派出了十六艘新式军舰，四艘武装轮船，二十八艘运输船，以及五百四十门大炮，来和清朝军队打仗。仗，打了一场又一场。

英国人占据了香港，又挑衅浙江。一年后，窜入南京。一八四二年，道光皇帝听信了保守派大臣的话，签订了不平等的《南京条约》。这个屈辱的条约包括中国赔偿英国两千一百万银元，把香港岛割让给英国，作为英国的殖民地，还得开放五个港口与他们通商。

左宗棠从老师的书信中陆续得知了一些消息，他一次次写信给已任监察御史的老师贺熙龄。在信中，他提出料敌、定策、海屯、器械、用间、善后这六条抗击英国军队的建议，还提出一些具体的抗敌措施，如增设碉堡，更造船炮，发动海上的渔民、水军坐上小艇，在晚上袭击英国舰艇。当得知屈辱的条约已经签订，他毫不掩饰自己的忧国忧民情绪，写信痛责朝廷主和派的无能。

他认为英国军队劳师动众来中国，船只、兵丁肯定不足，并不可怕，只要中国人齐心协力，严阵以待，是可以击退英军的，决不能屈膝投降。

"英国的军舰，竟然直接由吴淞口沿长江长驱直入，开到南京城下！朝廷是在大炮口下，与英国签下这个丧权辱国的《南京条约》的。""把香港给他们，还要赔偿烧掉的鸦片烟款，这天理何在？""逼着同意五口通商，咱们大好河山岂不是陷入了被西方列强包围的局面？！"

就在这个时候，知心好友胡林翼回到了益阳老家，他是左宗棠的同学。两人同一年出生。尽管胡林翼是陶澍的女婿，左宗棠又与陶澍结成了儿女亲家，两人的辈分变得有些复杂，但这些都没有影响他们成为一生知己。胡林翼经常来安化小淹陶府，两个老同学一见面，就相互交流对时事的看法。

鸦片仍然在中国畅行无阻，总督大人林则徐受到权臣的陷害被革了职，被皇帝放逐到了遥远的新疆伊犁。他们倾慕林则徐的为人，痛恨皇帝和朝廷忠奸不分，摒弃忠良，信用奸佞。

可谈来谈去，又如何呢？还不是人微言轻，只能一起扼腕长叹！

"投降派的所作所为，助长了敌人的气焰，从此西方人更蔑视中国了，中国将士丧失了信心，以后东南海隅将永无宁日，要长期受到别国的侵略了！""时局到了这步田地，连做梦都想不到！从古到今都没有！"道光皇帝和主和派大臣的投降政策彻底失败。左宗棠痛心疾首，他一次又一次地写信给贺熙龄。

他还写下了许许多多的诗篇，抒发他的担忧与愤懑。

第十章

红枫映照的柳庄

左宗棠一没有房，二没有地。

到陶府坐馆教子数年后，陶夫人给的酬金，加上周边学生家长给的酬金，他手上慢慢有了一些积蓄。曾经是富家小姐的周诒端，自从嫁了左宗棠，也学会了勤俭持家。

一八四三年秋，夫妻两人将所有积蓄拿出来，在湘阴东乡柳家冲，买下了水田七十亩，山地八十亩。

他们将其中四亩多地用于修建住宅，其余的地，就种农作物。

他请来木匠和泥水匠，用砖木砌出能容纳十多口人生活居住的住房、书房、厨房、柴房以及收放各种农具的工具间，还打好地坪，用作晒谷场。房子砌好后，又用土砖在房舍外垒了一道围墙，在围墙的东面正中，修建起一个看上去既简陋、又别致的茅草棚门。

"柳庄"——左宗棠刨出一块上好的香樟木片做门楣，以墨尺在上面打好线，将这两个龙飞凤舞的字，写在上面。

有了田地，他开始以农人自居。他把家从湘潭迁回，从此自号"湘上农人"。

每次从安化回到这里与家人团聚，他把大量的时间花在地里。他和雇来的农人一道种水稻，种菜，种花，种茶，也植桑养蚕，植柳树，造竹林。民以食为天，湘上农人左宗棠，苦在其中，更乐在其中。

对于左宗棠，柳庄的夜，依然是属于阅读的。

"《圣武记》已出版，太有价值了，你得看看！"贺熙龄老师回到了长沙，带来了一个好消息。

打开《圣武记》这套书，他犹如打开了一个全新的世界。这套书有十四卷，四十多万字，是担任过内阁中书舍人候补的思想家魏源，在阅读了大量官私文献，熟悉了清代重要史实后写的。鸦片战争中，中国被侵略者打败，魏源忧愤交加，就在《南京条约》签订的同一年，完成了这套书的写作。

左宗棠完全被这套书吸引了！

这是一部生动的清朝军事政治史。前十卷记述的是清朝从建立到道光年间的军事历史；后四卷是魏源对国家军事问题的看法。卷中有一些篇章，记载的是清朝廷派军队平定新疆战乱，抗击外敌入侵等一系列历史事件。特别是书中清朝前期对外的建军用兵策略，他读得热血沸腾：

"身为男儿，就应该舍身为国，誓死捍卫自己的国家不被外敌侵略！"

他在阅读中增加才干，在阅读中蓄积力量。

他不仅研究地理学，军事学，还研究农学。

左宗棠在安化和柳庄两地奔走。

早在桂在堂时，他采取分区耕种、轮流耕种的办法种植作物，作物的产量和收入都很高。到了柳庄，他家种的地也与别家明显不一样，他家仅仅是茶园收入，就可以缴清当年的赋税了。周边的农人得知后，就开始跑到他家的地里来学，也尝试着按他教的方法去种，果然，收入增加了不少。

"我在柳庄种了很多地，有了很多成功的经验，如果告诉更多的人，他们就可以多增加些收入。我想把这些实用知识写成一本书，这样一来，就可以给更多的农人参考了。我认为农事是天下的第一要务，农书是不能缺少的书。我一定要完成好它！"他发现市面上农书很少，仅有的农书，书中的知识也记录得不详细，对农人指导性不强，于是有了自己写农书的想法。他把他的想法写信告诉给他的一位同学。

一八四五年，左宗棠真的写出了一本农书，书名为《朴存阁农书》。

他把书房取名为朴存阁，并撰联："文章西汉两司马；经济南阳一卧龙。"这副对联的意思是说，文章写得最好的要算西汉的司马迁与司马相如，而经邦济世的人才，首推南阳的诸葛亮。他以司马迁、司马相如、诸葛亮为榜样，时时为自己加油鼓劲。

柳庄生活尽管清苦、劳碌，但有周夫人和孩子们悉心陪伴，他过得特别舒心自在。

两个书香门第，一对才子佳人。他会联，她会诗。他们夫妇俩常常写诗互赠。柳庄是一个美丽的地方，山水有韵，邻里相亲。他们常常一起到田间去看那绿茵茵生长在田地的秧苗，上山去听那些叮叮咚咚流过山涧的溪水声。在诗中，他们少不了笑谈农事乐趣，吟颂柳庄风景。

"树艺养蚕皆远略，从来王道重农桑。"周夫人看到左宗棠勤读古今农书，很享受在大自然中劳动的乐趣，写出这样的诗句品评。"书生报国心常在，未应渔樵了此生。"她知道左宗棠有报国的志向，不可能一辈子退隐到这深山里生活。她相信，他总有一天会走出柳庄的。

忙完农事之余，他们在房前屋后栽种了十二棵梅花树；在塘岸边，插上了很多杨柳枝；在柳庄大门正前方的田边坡地里，栽种上了一棵壮实的红枫。

他们以柳庄为纸，草木为画，描绘出一幅幅诗情画意的四季常春图。

每逢人间三月天，左宗棠都要到安化去，有杨柳依依送他上舟船；若逢岁末寒冬，他从安化乘舟归来，点点梅花，正好次第盛开。而周夫人和孩子们，早已经走到梅花树下等候他了。只要是深秋，人们还在老远老远，就看得见左家那一树灿烂得像晚霞的红枫，守望在他们的家园。

红枫浓郁的胭脂红，给柳庄增添了无限的喜庆，也给东乡大地增添了无限的生机。

左宗棠喜爱红枫。红枫见证过少年的他，在湘江路上往来频繁的买书读书岁月；红枫也像极了少年时的他，长势疯快，转眼，就枝叶茂盛了。那棵红枫树，就那样站在那里，一次次四季轮回，后来，渐渐长成了一株直指苍穹的大树，它张开的臂膀，成了百鸟的家园。

左宗棠在柳庄有了房舍田产，有了子女承欢膝下。

左家日子慢慢地好起来。但无论是否是丰年，他们家里的日子还是如往年般紧着过，一家子节省着用钱，很少吃荤菜。

偶尔吃荤菜也是在逢年过节祭祀祖先的时候，或者是来了客人的时候。当然，正月初一和十五，全家上下都会有荤菜吃。这一天，厨子烧好一大锅五花肉后，加上葱花和酱油，盛在一个大青花瓷盆里，端上桌，顿时，屋里屋外飘起阵阵肉香。这时，是孩子们最高兴的时候了，可他们还不能吃。周夫人总是要将肉块先送给田间做事的农人吃。然后，孩子们再吃。

他们担心灾害频繁，想着要从牙缝里节省下一些钱粮，急时用来保一家人的命，也帮助族人和乡邻渡过难关。

灾难说来就来。

在柳庄，才过了两三年的顺遂时光，突然间，连续两年干旱。

一八四八年，洪水又泛滥柳庄，稻谷全部淹没在了污水浊泥里。一个月过去，家中积累储存的稻谷也全都发了芽。他们一家十二口人，没有半碗粥汤可吃了。

洪水泛滥，疾病流行，全家人都染上了疫病，腹泻腹痛，药铺里一时间没有药物能治。左宗棠从小患腹泻，更是苦不堪言。情急生智，他开始看医书，做实验，自己动手研制草药，将家里值钱的东西都拿去典当，用来换一点点米粥钱和药材，竟然真的研制出了可以对付疫病的药。

柳庄离湘江只有十里路，是过江的要道。从北方来的灾民们，并不知道这里也有灾情，他们像往年那样，过了洞庭湖和湘江沿岸，纷纷来到这里想找到吃的。每天，上千人从柳庄经过，一路上饿死、病死的人，不计其数。

左宗棠有了自家防疫的经验，赶紧去配来中草药，在家中熬制成药丸，不要一个铜板，分发给患病的灾民服用，他做的药丸竟也救活了不少人。

这一年，左宗棠还与地方士绅一道，到长沙城里找富人们劝募劝捐，用来救济柳庄周边的灾民。

第十一章

湘江夜话

一八五〇年一月。

一骑雪白快马，飞一般地从南方驰骋而来，一直奔跑到离柳庄门前不远，才放慢迅驰的蹄子，马儿迟疑地走到门庭旁那棵老梅花树下，停驻下来。

这时，洪灾频发的柳庄，已经恢复了久违的宁静。

灾后的田野，泛出了点点新绿。山依然那么巍峨，水依旧那么清亮。只要勤劳，农人的生存能力、生存智慧是令人惊叹的。哪怕是枯冬季节，柳庄的男女老少也都在田地里勤劳地忙碌着。他们在采收这个冬季的田野里所有能供人吃的粮食与蔬果，侍弄那些尚未长大的幼苗。

在茶树旁整枝的左宗棠，被夫人叫回了家。

"总督大人有封信，请先生速随我到长沙相见。"早已疲惫不堪的兵士从马上下来，差点摔倒在地上，待脚跟站稳，忙以双手托信，恭敬地对左宗棠说道。周夫人早已命人递过来一碗姜盐豆子茶，扶他中堂落座。兵丁喝完茶，好一阵子，才缓过精气神来。

左宗棠拆开书信，快速地看了一遍内容。他不敢相信，又细细看了一遍，不由得喊叫起来："夫人、夫人，真的是林大人来了，赶紧收拾东西，我动身去长沙！"原来，林则徐远放新疆三年后，回到了总督任上。前不久，他向皇帝请求辞掉了云贵总督的职务，回乡养病，途中要经过长沙，林则徐便想与左宗棠见上一面。

早在新疆的那三年，林则徐就已积劳成疾。这一次从云南回福建要经过湖南，在船行驶到达长沙的时候，林则徐令船公将船停靠在了湘江码头，派人快马到柳庄去请左宗棠，自己则坐在船上静心地等待左宗棠的到来。

林则徐人虽然离开了新疆，心却留在了新疆。他和左宗棠从来没有见过面，但他有一件重要的事情，只想托付给左宗棠。湖南的文武官员知道林则徐总督来了，纷纷来到江边，想拜会这位名满天下的大臣。随从按照林则徐的吩咐，一概劝返。

夕阳早已西下，天空隐去了最后几丝残血，夜幕就要来临。

就在林总督等得十分焦心的时候，"湖南举人左宗棠到！"随从跑上前来告诉他。

"快请！"林则徐起身来到船头，亲自接左宗棠上船。

看到大名鼎鼎的林则徐就在眼前，左宗棠不免心中激动。他走过跳板时根本顾不上看一看脚底，竟一时失足，跌落到河里，被随从挡了驾的一位官员看到这个情景，悄声讥笑他："真是没见过世面的穷书生！"

"你看他像只落汤鸡，哈哈！哈哈！"还没有来得及离开的官员正好站在岸边看他的笑话。

左宗棠挣脱水面一骨碌爬到船上，说："古人拜见尊敬的人，要先薰香三次，沐浴三次，我来时比较匆忙，刚才落入水中，正好完成了沐浴，只是三薰倒是免了！"他镇定自若，并不觉得有什么不妥。林则徐见状，赶忙要自己的儿子取出干净衣服，给左宗棠换上。

林则徐安排人摆上茶点，让船靠江行驶，停泊在岳麓山下。就着慢慢升起来的皓月，开始了他们的彻夜长谈。

历史上有许多重大的改变，往往是由于一两个人的见识和决心成就的。

就在这叶江舟上，他们谈论古今，话题包罗万象。林则徐的两个儿子也在一旁聆听。他们谈到了已经过世的贺长龄、陶澍，谈到了张亮基、胡林翼等国家之才。他们谈得更多的是天下大势。林则徐对付过英国侵略者，认为英国、法国，并不值得大清畏惧，俄国将是今后大清的最大敌人。左宗棠也一直关注着列强对东南沿海的侵略，认为西北塞防与东南海防同等重要，应根据形势需要，来确定重点推移。

"新疆是一块辽阔的土地，但这里屯政不修，地力资源没有得到最好的利用与开发，以至于这个地方即使物产丰富，也不能富强。"林则徐感叹自己发配新疆后才发现，新疆真的是中国的一片大好河山，而不是朝廷上那些人讲的毫无用处的蛮荒之地。

"大人，我认为新疆的问题，是建制不对，管理不好。我曾经在《燕台杂感》一诗中斗胆提出过，应该考虑将新疆单独建一个省，不知大人觉得这个建言是否得当？"左宗棠并不拘谨林则徐的位高权重，既然林大人推心置腹，那自己也不应保留，有什么就说什么。这样对解决国家问题有好处。

"你的想法很好！以前魏源和龚自珍不是也提出过这一想法么？我们要朝这方面去努力才行。"林则徐与左宗棠对新疆建立行省持相同观点。他们讨论如何对付西方列强的侵略，要办实业，造枪炮，造轮船。"在广东，我曾经想过做这些事，没有办成，这是我的遗憾啊！"

林则徐做过的事情有很多。尽管林则徐一生极力抗击西方国家的入侵，但他主张学习西方优秀的科技与文化，为我们自己国家所用。他略微懂得一些英语、葡萄牙语，还找人翻译过西方报刊和书籍上对中国有用的文章。著名的《海国图志》，就是思想家魏源将林则徐及幕僚翻译的文书合编成的。它对后来的洋务运动，甚至对日本的明治维新都具有启发作用。

两人越谈越投机，他们对治国的根本大计，特别是对建设西北的许多见解，不谋而合。

这是一次历史性的重要会面。不知不觉，东方已露微白，林则徐要走了。他将自己在新疆收集整理的地理观察数据、战守计划，中国在边境的政治军事动态，俄国的动态资料等所有军事、文史资料，全部交给了左宗棠。

"我老了，说不定哪天就走了。可叹我空有一腔热血想抗击俄国，竟无成就之日。想来想去，只能将这件事托付与你。""东南洋夷，能御之者或有人。西定新疆，舍君莫属！我将我这么多年收集整理的重要资料全部送你，相信你将来一定会用得着。"说完，林则徐不禁老泪纵横。

临别时，林则徐手书一联送给左宗棠："此地有崇山峻岭茂林修竹；是能读三坟五典八索九丘。"这副联，原本是著名文人袁枚为自己的随园写的，林则徐用来赠左宗棠，用以表达他对左宗棠才学的赏识与期望。

"苟利国家生死以；岂因祸福避趋之。"林则徐意犹未尽，再书一联。左宗棠双手接过，抱在胸前，似乎有千斤重。

"季高，时下国威不振，大才难求，以我来看，你为国家效力的日子已不远了！但愿你到时厚积薄发，成就一番作为！"林则徐就要离开了，船将起航，一轮新阳喷薄而出。

在红彤彤的朝阳照耀下，左宗棠驻足在码头良久，恭送林则徐父子。左宗棠望着渐渐离去的船影，高声喊道：

"大人顾惜好身体！我会铭记大人教导，遵照大人吩咐，以毕生精力，完成大人未竟之事！"

这是左宗棠第一次见到林则徐。

这也是左宗棠最后一次见到林则徐。

船到湘江时，林则徐其实已经身染重病，与左宗棠一夜叙话，更是加重了病情。而林则徐回到福建老家之后，并没有休养多久，又被皇帝起用。可是，人还没有到广州，一代爱国名臣林则徐，就染病去世。

得到这个噩耗，左宗棠失声痛哭。在一个不眠的风雨之夜，他写出了后人传诵的挽联：

附公者不皆君子，间公者必是小人，忧国如家，二百余年遗直在；

庙堂倚之为长城，草野望之若时雨，出师未捷，八千里路大星颓。

虽然"庙堂倚之为长城"的"大星"林则徐陨落了，但林则徐临终，也不忘向朝廷举荐他心目中能取代他的"长城"。临终前，林则徐叫来三子林聪彝，由他口述，聪彝代写了一封遗书。

这是一封交给皇帝的书信。"左宗棠为绝世奇才、非凡之才，可为国家栋梁！"在信中，他一再推荐左宗棠。

左宗棠的名字，开始引起皇帝的注意。

第十二章

『今亮』出山

湘阴玉池山，风景秀丽，群峰巍峨，山谷深邃。

就在一八五〇年的春夏交替之时，一胖一瘦两个中年人结伴来到了这里。他们是对时局担忧不已、预感天下大乱的左宗棠和他的好朋友郭嵩焘。

他们结伴来到这里，是来为两家寻找避难之所的。他们发现了一座古庵，古庵一带，有很多洞穴，适合藏身居住。他们觅遍青山，相中了周边一个叫白水洞的地方。

也是巧了，就在他们找到这个地方还不到一年的时候，天下真的就大乱了，老百姓大难临头。

一八五一年，是个大旱年。广东花县有个叫洪秀全的人，自称是上帝的儿子，耶稣是他的兄弟。他说要收尽地上的妖魔鬼怪，就跑到广西金田一带，号召那些没有饭吃的农民、工人、商贩们组成一支军队，号称"太平军"，宣称要推翻清朝廷的统治，成立一个叫太平天国的国家。

就在很多清兵们躺在鸦片烟榻上醉生梦死的时候，洪秀全的太平军与清朝军队开战了。他们首先在广西的桂平金田村起兵，一处一处地攻占城市，十分迅猛。湖南和广西是邻居，湖南人很快就知道了这件震惊全国的事。

"太平军很快就要来啦。"传言刚到不久，一八五二年六月，太平军真的来了。他们很快占领了湖南的郴州。一时间，所有老百姓想的第一件事，就是找地方逃避这次战祸。

这时的左宗棠，已经在白水洞周边建起了一栋茅草房，将自己和二哥左宗植两家人、夫人的妹妹周诒蘩一家人以及族人们，搬迁到了白水洞。他的好朋友郭嵩焘，也带着他的全家住在与他相邻的梓木洞了。白天，他们忙着处理家族里的事，晚上，就凑到一块儿讨论时局，观察战事的变化。

他们迁到白水洞没几天，离他们不远的长沙，太平军已经兵临城下。

这时候，湖南的巡抚已调走，新任巡抚张亮基还没有到湖南。由太平天国西王萧朝贵带领的太平军进入湖南后，占据了长沙妙高峰，攻入城南的鳌山庙。长沙，这座原本安详、静谧、美丽的古城，已经像洪水一样涌进了五万太平大军。

这是左宗棠搬到白水洞的第九天。

已是午饭过后，他卷着裤腿，提着木桶正在菜地里浇水，忽然听见不远处有一片嘈杂声，抬头一看，只见他的茅草屋前，来了几个陌生人。近前一问，原来是新任巡抚张亮基派人携带了自己的亲笔信和厚礼，找到了这里。

来人中领头的那位朗声说道："巡抚张大人深知先生才能学识超人，为人耿直方正，堪称国家栋梁。现在多事之秋，先生正好建功立业。大人想请先生出山为朝廷分忧。还请先生答应在下，共谋抗敌良策。"

是的，新任巡抚张亮基受命于湖南危难之时，他急需人才辅佐。找谁来一起解决这天大的麻烦？好在有好友胡林翼写来书信。信中，他举荐了左宗棠："左宗棠与其他人大不相同，他胸罗古今地图、兵法，熟知本朝国章，又精通时务。"

不仅仅是胡林翼举荐，张亮基也早听说过这个人。就在上一年，咸丰皇帝首开先河，想不通过科举启用民间人才，咸丰皇帝的诏令下到了全国各地。咸丰皇帝选择人才的途径，是以民间乡绅推举、各地总督巡抚来核实的方式，推出"孝廉方正之士"，一经选定，皇帝赐给他们六品官。

在湖南，郭嵩焘等一些有声望的人士联合推荐的人，就是左宗棠。理由是左宗棠学养深厚，还懂兵法、地理，腹有良谋。左宗棠自比诸葛亮，这在湖南的乡绅中早已是传开了的事。左宗棠还给自己起了一个别号"今亮"，可见他本人的自信与自许。

"左宗棠还有一个特点，不重视名利。即使是他的谋划成功，他也是不愿受封赏的一个人。相信您一定会赏识他的！"信末，胡林翼还不忘说这一句话。胡林翼和张亮基都在林则徐总督手下做过事，彼此很要好。湖南危急，胡林翼觉得有义务帮张亮基，怎么帮呢？就向张亮基举荐左宗棠这个有用的人才吧。

张亮基八月十九日到达长沙时，太平军已将长沙包围。

二十四日傍晚，他好不容易找到太平军还没来得及合围的北门，就在城下一角登梯进了城。

城楼上，他双眉紧蹙，忧心如焚。面对如此混乱的局面，他想到了左宗棠，于是派了人去请他出山。

湖南告急，左宗棠抛却知识分子归隐山田的想法，毅然决然前往长沙，来到张亮基巡抚府上，做了幕僚。

左宗棠废寝忘食，日夜筹谋。他一连提出的好几条策略，张亮基都接受了。不久，张亮基就将军事指挥权交给了他。有了左宗棠的出谋划策和协助指挥，清军成功地抵御了太平军对长沙的围攻。在长沙的五十天里，太平军被打得节节败退，主动撤围，离开了湖南。

"这次长沙守城保卫战，全靠左宗棠为我部署。你推荐的左宗棠，不愧是天下奇才呀！"张亮基在给胡林翼的信中写道。

谁知，被赶走的太平军到了湖北后，瞬间变成了下山猛虎，一连攻占了汉阳、武昌，竟然还占领了汉口，把湖北的省城给攻占了！朝廷上下一片哗然。有人就举荐打了胜仗的张亮基去收拾湖北省的烂摊子。于是，左宗棠结束了在湖南四个月的幕僚生涯，随张亮基到了湖北。

走出湖南的左宗棠，这时候考虑问题不再只单独考虑湖南省、湖北省了，他在做好湖北的防御外，密切注视全国形势的发展。"要强大起来，我们就要建立起一支强悍的水师队伍！"他提出围绕长江中、上游地区，制造好战船、武装起一支水师。这个建议由湘军将领江忠源上奏后，咸丰皇帝当即下诏——湘军从此有了水师！

左宗棠在湖南湖北的战事中，展露出了他独特的军事才能。不久，张亮基调任山东巡抚，动身前，他一再邀请左宗棠一同前往。考虑到山东离湖南太远，这一次，他没有去。他回到了久别的白水洞，与亲人团聚，回到了田地间，继续种他的试验田。

然而，在那样的乱世，哪里容得下左宗棠安享宁静的田园生活。就在左宗棠回到白水洞不久，太平军卷土重来，长沙北面的靖港、西面的宁乡，还有湘潭，都被太平军占领了。左宗棠的家乡湘阴县城也被太平军攻占。

"这样有用的人才，岂能任他隐居民间？"接任湖南巡抚的骆秉章，得知左宗棠从湖北回到了湘阴老家，立即派人带上亲笔书信，到白水洞请他出山。

怀抱报国之志的左宗棠，再次出山。

左宗棠尽心竭力协助巡抚骆秉章，骆秉章也十分倚重左宗棠。

守城部队主力，是一支新建的湘军，湘军的统帅是曾国藩。

曾国藩是湖南湘乡人。他挑的将领是知根知底的湘乡书生，他挑选的士兵，是当地的农民。"这些朴实的农民，既不怕苦，又老实忠勇，一上战场，定能奋勇拼杀，义无反顾。"曾国藩这样认为。

"带兵的人，必须智勇双全，文武兼备。"对挑选带兵的将领，曾国藩有这么一个标准。他看好的湖南同乡左宗棠，就是这样的人。左宗棠主张用陆军和水军两面出击，先收复在长沙西南面的湘潭，因为湘潭对长沙湘军后路构成了最大的威胁。曾国藩采纳了他的意见。

他们合力击退了太平军对长沙的再次进攻，并迫使太平军退出湖南。

这一年，曾国藩要率军东征了。

他将率领湘军走出湖南，援助湖北、广西等五个省，抗击太平军。

出发前那些天，每当处理完一天的公务，他就和左宗棠见面。"太平军虽然退出湖南，可如果周边省份抵挡不住，太平军随时可能再犯湖南的。"他们商量对付太平军的策略，讨论天下大势。左宗棠提出"以湖南之力，援助周边五省"。

在曾国藩率领湘军出兵东征、外援五省后，左宗棠一边协助骆秉章办好湖南政务，一边配合曾国藩办理好省内军务，为东征的湘军筹办粮食、武器、船只、兵员，确保湖南境内安全无战乱。可就在他把全部精力投入到繁忙的幕湘事务中时，左宗棠从与老师、朋友们的书信往来中获知了一个不好的消息：外国联军攻陷了广州，后又把军舰开到了大沽和天津，攻击大沽的炮台！天津离北京，那可是近得很。咸丰皇帝害怕了，就急忙答应了联军的要求，签下了屈辱的《天津条约》。可条约不是儿戏，是要兑现的。第二年，外国联军的舰队就开到了天津大沽要求履约。

看到国家的这些形势变化，左宗棠痛心疾首。

他做不了其他事，就利用代骆秉章写公文的机会，把自己治理战乱的想法写在了给皇帝的奏折里。对抵御外国侵略者，他提出了两个计策：一个是派奇兵直捣英国侵略军的老窝——香港，这样，在广州的敌人不得不撤军回去援助香港；另一个计策是派出重兵驻守在天津，引诱敌人从海上登陆，再消灭他们。

"西方列强海军强大，清军不是他们的对手。不过在陆地作战，双方能势均力敌。我国的兵力兵源远远胜过敌人，完全可以围歼他们，把敌人消灭在内河内陆。""论局势，已经十分需要我们湖南出兵了，我们湖南应该去为两广解除急难！"

"如果朝廷同意，我愿意率兵前去援助两广！"他对骆秉章说。

左宗棠对待外敌的态度是坚决的。

可在这时，清朝廷掌权的官员却认为，要战胜外敌必须先安内，内部不平静，对外敌只能妥协讲和。"内部的安定、统一固然重要，但怎么能够以内部问题为借口，向外国的敌人屈膝求和呢？！"左宗棠为此忧愤不已。

一八六〇年十月十八日，三千五百名英法侵略军冲入圆明园。他们贪婪地掠夺珠宝、书画、金银玉器等中国的宝物。临走前还放了一把大火，烟云笼罩北京城，久久不散。这把火足足烧了三天三夜！这座举世无双、令世人瞩目的东方园林，成了一片死寂的废墟。

清朝廷在一八五八年签订的《天津条约》基础上又签订了《北京条约》，将以前不平等条约中的各项特权，更加扩大，更具体详细。到了这时候，外国的兵舰都可以在中国的内河任意航行了。特别是夺人魂、吸人血的鸦片，居然成了合法出口到中国的商品。

这时候的左宗棠，时时忧心如焚，但他只能强抑心中的忧虑，把在湖南能够做的事做好。他认为天下大乱是由于国力衰弱，朝廷对官吏赏罚不明所致，大量官吏出工不出力，没有责任心。对贪官污吏、骄矜不法之徒，左宗棠绝不手软。他协助骆秉章罢免了一些懦弱无能的湖南州县官员。

第十三章

怒斥樊总兵

古时候，有一种刑罚，叫杖责。

把犯错或犯罪的人强按在长条木凳上，用木棒狠狠地打屁股。有人负责打，还有人在一边计数。

那时候，杖责在刑堂上用得多，在大户人家也用得多。湖南永州镇总兵大人樊燮，就喜欢用这样的"家法"对待他的下属。他手下的兵丁稍有违纪，就会被杖责，常常被打得皮开肉绽，鲜血淋漓。

"杖责三十棍！"在他嘴里，成了司空见惯的词。樊燮就是用这个办法把他治下的兵丁，变成了他可以任意差遣的奴役，想要他们干什么，他们就得干什么。人人恨他，但又怕他。整个永州地区的兵只有二千人，常年驻扎在城里的有三百人，可被他私自派遣到他家里当差的，就达到了一百六十人。

甚至连他家的厨子、花匠、点心匠、剃头匠，都由兵丁来做。

这么多的兵丁为他们家做事，他们的报酬从哪里来？樊燮有的是办法。他手里管着军费，当然就从军费中去支取了。不仅如此，他们家里购买绸缎、维修房屋，也都是挪用军费。好多兵丁知道后敢怒不敢言。谁敢去得罪总兵大人，白白去挨他一顿板子呢？那可是会打得屁股开花，背上见血，三五天下不得床的。

可有一个人，向上级告了樊燮一状，刚好告到了巡抚骆秉

章那里。这个人，是永州知府黄文琛。他早就听到很多的议论
了。他因公差到了岳州，正好碰上骆秉章在岳州巡视，就说起
了永州这个蛮横总兵的情况："樊燮不仅私役兵丁，还贪污挪
用军费达到了九百多两白银。"

那时候，官员待遇等级森严。坐轿子，镇总兵还远远够
不上这个待遇。樊燮敢公然坐轿子，这就是严重违反朝廷的规
矩了。不仅如此，他还私役兵丁、贪污挪用军费。行迹如此恶
劣，岂能容他？一八五八年，骆秉章去了北京城，他向皇帝详
详细细地参了樊燮一本。

骆秉章参他的事，樊燮不知道，但永州知府黄文琛在骆秉
章面前告了他的状，他已猜到。做贼心虚的他，日夜难安，他
怕自己败坏军纪、贪污军饷的丑行断送了升官发财的前途，就
和师爷魏龙怀商量对策。

"大人不如去找'二巡抚'左宗棠，只有他说的话，骆
秉章才会听。咱们请他帮忙从中周旋周旋。"樊燮听了师爷的
话，便直奔巡抚署。樊燮在拜见了骆秉章，假意承认了一番错
误后，就急忙去找左宗棠。左宗棠这时管理着湖南全省的军
务，常常会有官吏前来找他商量事情，虽然他对樊燮生活中的
坏名声和军务劣迹早有耳闻，手中已有了樊燮贪污的证据，心
中不免对他有些厌恶，但听说樊燮来了，他还是得见一见。

没有想到的是，樊燮平时作威作福惯了，一想到要去拜见

的这个人，不过是一个屡试不第的老举人，心理上就开始不平衡起来，走起路来就像回到了他在军营里的样子。

樊燮来到左宗棠面前，他并没有按照当时的礼节，行屈体请安礼。

"按照朝廷规矩，武官来见我，无论官职大小，都要先向我请安。你为什么不讲规矩？你既然不讲规矩，又何必来见我？"左宗棠怒目圆睁，大声教训道。没有规矩，国家才会乱。樊燮在军营军纪混乱，无恶不作，他早就想给他一点儿颜色看了。

"你不过是一个小小的举人，又有什么了不起的！"从来只有樊燮气别人，没有别人给樊燮气受。樊燮没有想到一个小小的举人竟然敢这么对他说话，不觉一时气昏了头，忘掉了此行的目的，反唇相讥。

左宗棠看他到了这个份上，还态度傲慢，不由得呵斥道："你做人招摇，做官贪财！不知悔改的东西，你有什么脸面去见你家的列祖列宗？"

这时的樊燮，只能落荒而逃。

樊燮是何等心狠手辣的人物，就想方设法报复左宗棠。

当时，左宗棠在湖南巡抚署，他疾恶如仇，又秉性刚直。他协助两任巡抚罢免、惩办了不少贪官污吏，得罪的官场权贵也不少。这些人记恨他人在官场，不懂变通，背地里都叫他"左骡子"。另外，满族的有钱人和当官的人一直在防范和针对汉人。当这些人得知樊燮要扳倒左宗棠时，都想抓住这个机会，一个个掺和了进来。于是，有的满人趁着夜半三更，跑到左宗棠的门上贴条子骂他，有的人唆使樊燮向上面告状。

当时湖广总督是官文，樊燮是官文五姨太的娘家亲戚。樊燮敢在总兵位上为非作歹，便是倚仗了官文这个靠山。樊燮利用这层关系，玩起了恶人先告状的把戏。他向总督衙门递进了帖子："左宗棠权力大于天，他实际上是一个劣幕，做了很多贪赃枉法的事。"当然，他还将反映了他的劣迹的永州知府黄文琛，一起告到了朝廷都察院。

得知有人控告了左宗棠，满族官员当然是拍手称快。

湘军兴起，汉族人当官的越来越多，满洲贵族早就坐立不安了。他们抓住左宗棠这个幕客大做文章，实际上是要给掌握两湖军政大权的骆秉章、胡林翼，以及湘军统帅兵部侍郎曾国藩颜色看。

"左宗棠一官两印。""这个人太嚣张跋扈。"他们着急忙慌地帮着樊燮一起做伪证，想下死力整垮当官的汉人，他们捏造事实，想压实左宗棠的罪。樊燮呢？这时候已被人牵着鼻子走，他联合一些满族官员将事情越闹越大。

"这还了得？"咸丰皇帝听到后，马上下令密查。这个令，正好给到了湖广总督官文手上："如果左宗棠真的有不法之事，可以就地正法。"官文得到这一纸密令，喜不自禁，要定，就得定他左宗棠一个杀头的罪。

当然，他一个人也不敢定他杀头的罪，还得有人附和。但两湖的官员，都深知左宗棠为人公正、刚直，是个不可多得的人才，都没有吱声。既不害他，也不保他。他们习惯了明哲保身。这时候，胡林翼站了出来，骆秉章也站了出来，他们站出来为左宗棠鸣不平，向朝廷苦苦求情。

但是，没有用。情况十分危急。

骆秉章写信给已经是翰林院编修的郭嵩焘，嘱他向军机大臣肃顺求助。肃顺通过皇帝的老师侍读学士潘祖荫，终于在皇帝那里出了个面。潘祖荫是名门之后，他每次给皇帝写的奏折都是文采卓越，肃顺请他为左宗棠写个救人的奏折。于是，这句流传后世的佳句出来了："国家不可一日无湖南，而湖南不可一日无左宗棠。皇上得为国家爱惜这个人才呀。"

潘祖荫不认识左宗棠，但左宗棠凭他的军事才能，早已经成了名动京城的人物。

在朝廷，潘祖荫平时与郭嵩焘见面的时候多，也从郭嵩焘的嘴里听到过左宗棠的很多故事。在奏折中，潘祖荫讲述了事情缘由，写下了这句大气磅礴的话。骆秉章也没闲着，他一再上奏皇帝，说明樊燮控告的事纯属捏造与构陷，他还将查明的账目送到军机处一一查验。曾国藩呢，更是在皇帝面前据理力争。胡林翼在给皇帝的信中，也有理有据地为左宗棠辩白。

军机大臣肃顺，是满族人，但他深知现时如果国家不用汉人，国家面临危机时就难以渡过时艰。他在满人官员中态度鲜明，力保左宗棠。他对皇帝说："人才难得，自当爱惜！"

终于，左宗棠的项上人头，保住了。

第十四章

不可一日无左宗棠

在朝廷，满族、汉族两股势力针锋相对。

在湖南，左宗棠已深感绝望："我在巡抚署继续做下去，还有什么意思？"

自己正直为人为官，从不贪赃枉法，这难道有错？他没有想到，就因为得罪了一个贪官，有了掉脑袋的风险。幕湘以来，他从来没有这么沮丧过。

他对官场已绝望，对科考也早已失去兴趣，并早就断了这个念头，但辞官需要一个正当的理由。他以要去北京参加会试为由，向骆秉章递交了辞呈。他毅然决然地将行李搬出了湖南巡抚衙门，全然不顾骆秉章在他身后苦苦挽留。

他回到了老家柳庄。

回到了老家的左宗棠，愁眉不展，心事重重。

先是祭祖扫墓，后是静坐窗前。窗外的月亮透过木格子窗，泻下柔和的光亮，似乎每一丝月光都轻抚着他，要把他的心回暖过来。

可只要想到这件冤案，心里就愤慨难平。

"落入小人之手死，还不如战死疆场！只有到前线去——战胜了，报国有门；战死了，也死得其所。"他想投奔曾国藩，他希望自己能领一队人马为朝廷作战。但他又想像从前一样，继续做他的湘上农人，耕读传家。迷茫中，想找好朋友胡林翼见面商量。可好不容易找到朋友的家，门庭内外空无一人，只有门上一把锁。一问才知，原来，胡林翼的母亲去世了，他回到了老家益阳，正在丁忧。

"小人网罗四布，如果前往北京，必将自投罗网。只能暂时容忍，静待机会以图东山再起，才是办法。自古以来，只要你功劳高，总会有人嫉妒的，不应当听到有中伤的话就消极。"左宗棠与他见不了面，但还是得到了好朋友的一封书信，心中稍微得到了一些安慰。

"为了实现自己的宏愿，你应该继续为国出力，等到将来战胜了敌人，有了成绩，你再荣归乡里，别人才会完全相信你，那就和你现在带着委屈回到乡下大不相同了。"湖北监利人王柏心，是左宗棠的知己，深知左宗棠为人。他知道，左宗棠虽然口无遮拦，还常常以诸葛亮自居，在外人眼里，很是有些傲气，但左宗棠确实胸罗万卷兵书，不是等闲之辈，将来必成大器。

王柏心希望左宗棠能从这次挫折中站起来，抛开心中的烦恼，今后为朝廷建功立业。"敢问哪一个有成就的人，不是从吃苦、受挫中成长起来的？"他也给左宗棠写了一封信。

好朋友的鼓励，慢慢将左宗棠的心结打开，他开始放平心情，疏理思绪。这里有山有水有田园。白天，他种试验田，把大把的汗水毫不吝啬地洒在土地里；晚上，他研读兵书，在前人的字里行间，度过了一个个不眠之夜。

不可一日無左宗棠
左宗棠撰
曾於湘

大自然的鸟语花香，慢慢疗愈着他内心的伤口。

他想重振旗鼓，待时而动，再为国效力，但又恨透了朝廷的无能，官场的腐败。好多个夜晚，他辗转反侧，难以入眠。

难以入眠的原因，还有他在这次事件中的反思。

他在给夫人的信中，开始反省自己对人对事的态度。

"我性格刚直，平时和别人说话、共事，常常有很多相抵触的地方。最近被人中伤，幸好构陷我的事情容易调查清楚，而且身居要职的那些大臣们，还有人了解我，愿意体谅我，为我平息了这件事。

"想一想，我虽然没有因这件事获罪，但我这样处事，也是有错的，很危险的。想想自己，原本只是一个民间的读书人，连续几年，因为家乡遭受叛军的侵犯，有朋友推荐，才担任了一官半职，我竟然忘记了我的愚笨和卑微！

"很多时候，我不听别人的劝告，固执地按照自己的意思行事，却一次次得到上面的赏识和嘉奖。其实这些赏识和嘉奖，已经远远超出了我的实际能力。这次遭到诽谤，本来早就在我的意料之中了。"

给夫人写这封信的那一晚，案上铜灯，吐出一缕昏黄的火苗，几丝微光透过牛皮纸罩，投射在他的脸上。虽然对着夫人检讨自己的错，也有一丝难为情，但每个人都要在挫折中吸取教训，要勇于承认自己的过错。

从此以后，左宗棠开始以儒家的自我修炼方法，去克服自己的毛病，做到谦虚谨慎，平时以少言寡语，来养育静气。只要看到身边的年轻人有狂傲举止露头，就及时出语提醒："举止轻浮，做事浅尝辄止，却偏偏喜欢由着自己的性子来的人，喜欢到处吹嘘自己的人，我不喜欢。年轻人最忌自大与骄傲。

"我曾经有这个毛病，中年时稍微读了一些书，又得到朋友的规劝与建议，于是减少了错误与过失。但每当想起自己曾经傲慢的态度、荒谬的言论，时不时就会觉得惭愧，甚至羞耻。"

他很担心儿子也染上自己曾经的狂傲毛病，多次当着儿子的面，告诫儿子。后来到了军营，他也不忘经常写信教导儿子，如何处己，如何做事，如何交友，如何看待名利，如何在集体中推功揽过，一一细心叮嘱。

就在左宗棠想起这件事就懊恼，睡不着觉的时候，他不知道，还有一个人也在为了他的案子焦心。

这个人，是远在北京城的咸丰皇帝。他为他的案子伤透了脑筋，是斥责，还是留用？他日思夜想，举棋不定。

处在焦虑中的咸丰皇帝，突然想起了一个人。这个人是御史宗稷辰。他是浙江会稽人，与左宗棠并不认识，可在一次进京后，专门举荐了左宗棠。那时，宗稷辰从两湖路过，考察官员政绩，刚好听到有人议论左宗棠，这才注意到了这个人。后来他经过一番调查，却意外发现，左宗棠竟是一个不可多得的人才！

"多年以来，文臣武将之中，能征善战的越来越少，偶尔有一两个，也难放在足以让其施展才能的位置上，要么以死殉国，要么因罪罢官。希望朝廷开放科举考试，以便在最大范围内收罗天下人才，并让他们各自施展自己的才能。"宗稷辰很为左宗棠鸣不平，"左宗棠是第一可用的人才。左宗棠不求名利，任职低微而功绩不小，如果让其独当一面，才干和成就绝不在胡林翼和罗泽南之下。"能与胡林翼、罗泽南相比，当然是了不得的人才。可是，这次已经立案，法纪面前容不得半点虚假，还得要有人来查证，所告之事是否属实。

皇帝想来想去，就召来湖南巡抚骆秉章，把这件事交给他办。见事情出现了转机，深知左宗棠人品的胡林翼担心朝廷下诏把左宗棠调离湖南，他赶紧向皇帝上奏折：

"我和左宗棠都是贺熙龄先生的门生，所以对他比较了解。他秉性忠良，讲究气节，只是有时候近于偏激，指责别人的过失，全然不顾情面，所以才遭人记恨。他的才学确实高人一等，对兵政机宜的研究尤有心得；他在湖南办军事的时候，能兼顾江西、湖北几个省的利益，无私地为他们出谋划策。现在湖南很需要这样的人为官。"

皇帝很为左宗棠的事烦恼：一方面，缺少人才；一方面，有现成的人才，却总是遭人诋毁，而且听骆秉章说，他本人还不愿意出来做官了。"既然人人都说是人才，不可多得的人才，他为什么不愿意为朕出力，为国家出力呢？"他想不通。所以，只要有两湖官员来京城，他都会问一问。

有一天，郭嵩焘来拜见皇帝。

"左宗棠多少岁？才干怎样？"皇帝问他。

"四十七岁。无办不了的事，人品尤其端正。"郭嵩焘不假思索，如实地回答。

"再过两年，就五十岁了，精力就衰了。趁现在身强体壮，可以出来做大事了。莫自己糟蹋了，必须有人劝一劝他。"

"我也劝过他呀，他只因性子刚烈，不能做到放弃原则去处理与其他官员的关系，所以不想出来了。他已辞职，准备去考进士。"

"左宗棠何必以进士为荣！文章报国与建功立业所得，哪少哪多？必须出来为国家办事才好。"

"左宗棠是人中豪杰，每每说起天下大事，无不是激情奋发。如果皇上施恩起用他，他没有不出来做事的道理。"郭嵩焘赶紧向皇帝进言。

为了让左宗棠再度出山，郭嵩焘回来之后，就找到左宗棠，把这次与皇帝见面后的对话，一一详细地告诉了他。

"左宗棠何必以进士为荣！"咸丰皇帝对他的赏识，使他因祸得福。后来，皇帝还下诏书，敕封左宗棠以四品京堂候补，随曾国藩帮办军务。

"湖南不可一日无左宗棠。"在他危困之际，是朋友们站出来帮了他，是潘祖荫写下这句话救了他。这句话也点醒了左宗棠：人有才干，就应该以身许国。身逢乱世，自己常常自喻诸葛亮，如果再以农夫自居，消极地退隐，那就愧对朝廷信任了。

第十五章

楚军战闽浙

樊燮构陷事件已盖棺定论。

左宗棠以难得的好心情，整日在菜地里栽菜、扯草、施肥，尽心地侍弄那些长势喜人的蔬菜瓜果。

一度因这件事陷入危困境地的左宗棠，有了朝中主持公道的大臣和好友的保荐，他终于重获新生。皇帝没有听信谗言，还处处为左宗棠着想，信任他，重用他，使得原本在这次事件中看透了官场险恶的左宗棠，抛掉了所有的顾虑。

"命左宗棠以四品京堂候补，襄办两江总督曾国藩军务。"左宗棠归隐田园的好日子还没过上几天，皇帝的诏书来了。

接过诏书，左宗棠即刻整理行装，离开了他的那些庄稼地。

一八六〇年五月，左宗棠回到了长沙。

与此同时，曾国藩奉命在安徽祁门驻军。

襄办曾国藩军务的左宗棠，执行的第一个任务，就是支援安徽。朝廷准备以湖南、湖北和江西三个省的兵力，同在那里的太平军作战。

"你在湖南速速募集五千兵，前来支援安徽！"接到曾国藩交办的任务，左宗棠立即周密部署。他挑选了一些勇敢善战的老湘军旧将，还四处招募兵勇，建立了四个营，每营五百人；四个总哨，每哨三百二十人；另外增选最精锐的勇士二百人，分成八队，作为亲兵。

很快，五千人马招募齐全。

所募兵勇全部驻扎在长沙城南的金盆岭，进行军事操练。自此组建起有名的楚军。

左宗棠组建的楚军与曾国藩率领的湘军有所不同。虽然两军的士兵都是由湖南人组成，但楚军是从湖南全省范围内征兵，是指湖南军队的意思；湘军的士兵，大多来源于湖南湘乡市一带。

"打仗是要过硬的事。整整五千人的庞大队伍，用什么来管理他们？那我就来写一本军事书吧。"左宗棠白天忙练兵，晚上撰写军营管理方案，最后写成了《楚军营制》一书。

"凡是犯了烧杀掳掠罪的，斩首示众；不准讨要老百姓家里的门板、桌椅、衣服、蔬菜、桶碗；如果要找老百姓购买货物，必须按街市里的价格买。"左宗棠把士兵不扰民作为最重要的一条。

《楚军营制》这本军事著作，分为营制与条规两部分。营制规定了军队的编制、定员、薪粮；条规对将士的选拔、官兵教育、军队纪律、官兵关系、军民关系、行军布阵、官势、进攻、防守、追击、退却、后勤等方面，都做了明确的规定。

一八六〇年八月，楚军组建整训好后，左宗棠率楚军从长沙出发，取道醴陵入江西，协助曾国藩军务。九月二十日抵达江西东北的景德镇，二十七日与曾国藩会合商讨军事，然后返回景德镇驻守。一八六一年一月五日，太平军兵分五路进攻景德镇，左宗棠在景德镇排兵布阵，击退太平军。

　一八六一年底，浙江告急，清朝廷命已是太常寺卿的左宗棠到浙江督办军务。当时，太平军已攻陷杭州城，惊恐万状的巡抚王有龄用一条白绫结果了自己的性命。

曾国藩密奏朝廷，建议朝廷正式任命左宗棠为浙江巡抚。

曾国藩认为左宗棠的谋略与胆识，不仅远胜于他，也胜过胡林翼。早在湖南时，当左宗棠提出全军援助浙江的策略时，曾国藩就赞扬他"平日用兵，取势甚远，审机甚微"。他写信给左宗棠："眼下浙江的事务，要全仗你大力相助了，你应责无旁贷。"

左宗棠奉旨后两天，即率军向太平军占领的浙江杭州进发。在与太平军的交锋中，他通过分析研究太平军的用兵特点，采取"避长围，防后路"的策略和远势包围、截其后路的战术，在战场上取得了主动权，很快攻占杭州。进驻杭州后，左宗棠严肃军纪，约束军士，保境安民，稳定人心。

一八六二年一月二十三日，五十岁的左宗棠，被正式任命为浙江巡抚。此后，他集军政大权于一身，成为独当一面，统领一方的封疆大臣。他向朝廷建言新增兵力，在水陆交通要道衢州设立水师；撤换玩忽职守、贻误战机的官员，启用通晓陆战又习水战的处州镇总兵刘培元。

朝廷采纳了他的建议，战局很快得到扭转。

杭州受战乱损毁严重。原来城里有八十一万人，由于连年战乱，死的死，逃的逃，只剩下七八万人了。不仅是老百姓跑，官吏也有不少外逃。左宗棠进驻杭州后，一边安抚民心，一边整顿管理阶层，并从外地调来二十多名官吏，把浙江的生活与生产秩序重新建立起来。

左宗棠心系百姓，一八六二年夏天，连续三次向皇上奏报当地受灾情况。

"行军所到之处，到处可见饿死病死的百姓，到处是露宿野外的男女老幼。他们食无可餐，加上瘟疫流行，十人之中就有九个患病，百姓们不堪饥饿与疾病折磨，个个面无人色。目睹尸横野地，田地荒芜的惨状，我心如刀割，早已无泪可流。经过开化、马金、遂安等地，我都曾分别拨出钱米交由地方官绅酌情分配救助。但这也只能让老百姓多活一两天，在我走后不知他们该怎样活下去。

"面对这些难民，我心急如焚，忧愁如棍捣心，而分身乏术。据统计这次浙江战祸之重，实在大大地超过其他各省。恳请皇上早降天恩，下旨令各省早日支援浙江。"

在左宗棠一再奏请之下，朝廷终于下达了指示："同意将该省今年的钱粮漕米一律予以免除；对上年被窜扰的各州县，应该征收完的钱粮，老百姓还没上缴的，也请左宗棠查明实情，授权分别给予征收或减免。"

另外，朝廷还批准了灾年应该免除但已征收的部分，可在下一年新的税赋中作抵。

为了让老百姓有一个安宁的生活环境，左宗棠肃整军纪，倡廉肃贪，保境安民，颁布了《浙江补救条例》，禁止屠杀耕牛，禁止拐卖人口、敲诈勒索。他还在州府和县里都设立了同善局，用来收养妇女幼儿，救助孤寡老人和残疾人，以及办理其他慈善事宜。

左宗棠带领属下日夜操劳，浙江的局面大为改善，绍兴的居民很快恢复正常生产与生活，萧山境内的民船可以夜行，橹声此起彼伏，相互呼应。

一八六四年，令清朝政府胆战心惊的太平天国覆亡。

因为连年战乱，官府征收钱粮的账簿有的毁坏，有的丢失。地方官差去老百姓家里征收钱粮税款没有凭据，乱收费现象非常严重。老百姓像砧板上的鱼肉，只能任凭他们宰割。

自号湘上农人的左宗棠，最看不得老百姓遭罪受苦。他安排人认真厘清全省的赋税金额，详细定出应缴税款的项目与数据，并把它们一一刻在路碑上，让老百姓明明白白地交钱交粮。

为了发展经济，让百姓过上好日子，时任闽浙总督左宗棠在福州耿王庄创办桑棉局，发动百姓栽桑养蚕，实践富民政策；他命令各州县积谷备荒，在乌石山北麓加建了粮仓十七座；发给农民生产用的种子，睡觉用的席片，耕牛吃的食物；设立清赋局，招收邻省的农民和福建的将士们，一起开垦荒地，种植庄稼。

随战乱丢失的不仅是人口，还有文化，大量书籍被损毁，民间已找不到多少书本，不仅历史方面的书奇缺，就连幼儿初学的课本《三字经》《百家姓》《千字文》市面上也买不到了。左宗棠在福州东街，重开正谊堂书局，刻印了五十五种古书。

战乱中，书院大多已经荒废。以前，福建省漳州有一所芝山书院，就在有名的开元寺旁边。开元寺兴建于唐代，寺院规模宏伟，历代香火旺盛。战乱中，开元寺被一把火烧成了灰烬，和尚们也纷纷逃散。芝山书院，自然难以幸免。左宗棠在开元寺的故址上，拆除断壁残垣，重新修建了一座书院。

第十六章

创建马尾船厂

杭州西湖，游人如织。

一八六四年，左宗棠在这里干了一件新鲜事。

他招募能工巧匠，按照他的设计仿造出了一艘轮船。他亲自登上这艘轮船，发动机器，在西湖里航行。

左宗棠邀请曾与他共同对付太平军的法国将领德克碑和宁波海关税务司负责人日意格一同观看。

"必须造船铸炮，我们要学习敌人技艺，来战胜敌人。"林则徐这样说过，但心愿未了，人已离世。"打击外敌，一要有战舰，二要有火器，三要有养兵用兵之法。"魏源这样说过，但他一介书生，虽有大志，宏愿难达。

左宗棠仿造轮船，行船游湖，不是为了图新鲜，他是要把林则徐、魏源想做而没有做成的事变为现实。

一八六六年三月，左宗棠正式向朝廷递交了一份创设船政局，建造轮船厂的详细计划。

左宗棠不仅仅是想造船。

他是想以造船为基础，制造军用品，也带动其他的制造业。如制造打仗用的炮弹，铸造钱币用的机械设备，制造日常生产生活用品的机械，以及水利设施器械。

"自从海上用兵以来，西方各国的军舰和商船可以直接开到天津，我们所设的藩篱竟成了虚设，北京直接受到了威胁。

洋船行驶快，成本又低；中国商人靠木船运货赚钱，费用多，行动迟缓，敌不过外国商人。

"沿海各省的居民有十之六七是从事商业的，这样下去，我们的商业萧条了，税收减少，富人也会变成穷人，一般人生活还会更为穷困。如果中国自己制造轮船，在战争时期，军舰可以巩固沿海防线，抗御外国的侵略；和平时期，可以运输商品和粮食，让老百姓过上安稳富足的日子。"

左宗棠一次次将自己的想法奏报朝廷。

可在当时，要实施造船计划，阻力重重。崇洋派们反对自造轮船，主张购买外国的船。顽固派的反对理由更是可笑。反对新事物的大学士倭仁、监察御史张盛藻甚至说："读好了孔孟之书，学好了尧舜之道，就足足可以应付一切了，外国人自会躲得远远的，还用得着去费劲造船和造炮吗？""这样下去，恐怕天下人将会以为礼义廉耻没有用。"

中国人学习天文数学，学习制造船炮，这是崇洋派与顽固派无法接受的。针对这些迂腐之见，左宗棠针锋相对给予了反驳。

"有人造船，是好事！理应支持。"左宗棠的呈奏据理力争，终于得到朝廷的支持。

为了选择造船场地，左宗棠跑了几个省，最后在福州海口罗星塔，买到了马尾山下二百亩农田，作为造船厂的厂址。

中国没有设备，他派人到欧洲采购机器和船槽。中国没有师傅，他请来外国老师，再寻找一些本地勤劳的工匠，跟随外国老师一同学习。既学习造船，又学习驾驶。船造好了，就随同出海，掌握驾驶技术，积累航海经验。

在造船的同时，左宗棠还开办了船政学堂——求是堂艺局。他选录了一批好学的青年，学习外国语言、算学和机器设计。学堂分前学堂和后学堂。前学堂学习法文，学习造船；后学堂学习英文，学习驾驶技术。

英国公使威妥玛、清朝廷海关总税务司司长英国人赫德听说了中国想造船的事，得知请的顾问不是他们英国人，而是法国人，便想尽办法干涉阻挠，一次次派员向朝廷进谗言。

中国造船如果成功，就不会再买外国的轮船了，或许还会抢掉外国人的生意，外国当然要干预、要捣乱。对于这些，左宗棠毫不理会，他一门心思，只做他的造船梦。

可是，正当左宗棠雄心勃勃地筹办船政的时候，一八六六年九月，皇帝下了谕令，要调他去接任陕甘总督。

原来，西北局势一日比一日危急。

在华北的捻军和陕甘一带的回军，闹腾得越来越厉害。

早在一年前，捻军在山东设下埋伏，僧格林沁亲王的部队全部覆没，一名只有十六岁的少年捻军张皮绠，一刀刺死了僧格林沁亲王。这件事，令朝野十分震动。

朝廷下令曾国藩去剿捻，可捻军势力太强大了，曾国藩围剿失败，被撤免了钦差大臣。清朝廷又下令换了李鸿章去，还是没能控制住局面。至一八六六年九月，捻军势力更加强大，并形成东西两部。东捻军主要活跃在中原地区，西捻军主要活跃在陕甘地区。朝廷决定由李鸿章去平定东捻军，增派左宗棠率部去平定西捻军。

左宗棠深知，朝廷谕令必须遵从，但他担心自己一走，造船事务半途而废。他上书朝廷，着重说明造船的重要性，一天连上的九道奏折，就有六道是关于福州船政厂的，希望朝廷同意他推迟赴任陕甘的时间。因为军情紧急，朝廷限令他四十天内处理好船政事务，并采纳他的推荐，任命原江西巡抚沈葆桢为总理船政大臣，还特许船政大臣有直接上奏朝廷的权力。

福建百姓听说左宗棠要调走，纷纷跑到巡抚衙门前，恳请巡抚代为挽留。新上任的船政大臣沈葆桢也以船政事务需要，上奏朝廷请求多留左宗棠几个月。但是战事告急，朝廷没有同意，只许了一个愿："将来甘肃的事平定以后，让左宗棠再来福建。"

只是，这时候的左宗棠已预感到，此行不仅要去陕甘，而且还要远赴新疆，再回福建，恐怕是遥遥无期了。

左宗棠对造船事务的担忧，不无道理。

他走后，接任闽浙总督职位的是顽固派吴棠。这个人几番想动摇军心，阻止造船，但因有沈葆桢的坚守——沈葆桢遇事可以直接向朝廷上奏，吴棠的企图才没有得逞。

反对造船的人有国内的，更有国外的。

福州海关税务司有一个法国人，叫美理登。他一直想看造船厂的笑话。"哈哈，中国人想学会外国语，并懂得造船造机器，还学会驾驶技术，做梦吧！"嘲笑无效，阻挠不成，他又抛出一个鬼点子，打起了如意算盘，"你们要造，就要将造船企业纳入海关，归我们直接掌管。"

他的话说出没有多久，法国驻福州副领事巴士栋也开始干涉。

只想在中国捞好处的国家，一个接一个。沈葆桢始终铭记左宗棠的嘱托，为造船、育人、建立海军、筹划海防，呕心沥血。

一八六九年六月，一艘由中国制造的蒸汽轮船"万年青号"下水了！

这是中国人过去想都不敢想的事，外国人认为中国人根本做不到的事，中国人终于做成了！

"万年青号"一直航行到天津。两岸的大堤上聚满了观看的人群，可谓人头攒动，万人空巷。

"若不是亲眼看见，真不相信福建船厂能造出这样精致而

巨大的船。"英国水师看到了，竖起大拇指，连连称赞。

"福建船厂的船造型精致，坚固耐用。以后沿海沿江的兵船和商船，都可以由福建船政局来造，不必再舍近求远啦！"原本反对造船的直隶总督李鸿章、江西巡抚刘坤一惊叹不已。

马尾船厂先后制造了四十艘船只，培养了一大批中国造船人才和海军军官，魏翰、刘步蟾、刘冠雄等数十名造船工程师和海军将领都是从这里走出去的。

左宗棠的造船梦，终于在他凝聚了无数心血的马尾船厂，实现了。

第十七章

听鼓移营

左宗棠从小就喜欢阅读兵书。

兵书里，有民族大英雄戚继光。

戚继光是明朝杰出的军事家。他有一支赫赫有名的装甲部队——车营。戚继光曾率领车营多次击退入侵的蒙古军，并且生擒了蒙古酋长董狐狸；当蒙古部落再一次入侵，戚继光带领车营出塞，勇猛追去一百五十余里，最终生擒了其首领长秃。

左宗棠善于从兵书中吸取前人所长，并学以致用。

一八六七年二月，左宗棠受封为钦差大臣，督办陕甘军务。

上任后，左宗棠的首要任务是平定西捻军，这既是为西征军平息"回变"打基础，也是打通进军新疆道路的第一步。但他发现，西捻军的强势，远远超过他的想象。

要平定捻军，必须有整体机智的进攻战术和防御战术。

受戚继光车营建制的启发，左宗棠将过去的抬枪队、小枪队、刀矛队一律整编为车队，每一部车，设一个队长，配正勇十人。独轮战车上面有劈山炮一门，每辆炮车配备有车正一人，车勇四人。他还改编了车营十五营，每营有战车三十八辆。这实际上是一支炮兵部队了。

西捻军善于骑射，行动迅疾，行踪飘忽不定。为对付捻军，他又命人从察哈尔买来三千匹战马，组成了一支骑兵部队。

"南北驱驰报主情，江花边月笑平生；一年三百六十日，多是横戈马上行。"左宗棠将戚继光的这首《马上作》吟诵在口中，书写在案头，鼓励已经五十六岁的自己学会"横刀马上行"。他天天奔腾在马背上，跌下来，再上去，哪怕摔得满身伤痕。

与捻军交锋，他先以炮兵摧毁其战阵，趁捻军阵乱再指挥骑兵发起冲锋，如风卷残云，打得凶悍的捻军溃不成军。几番较量，西捻军土崩瓦解。

就这样，左宗棠以他的炮兵、骑兵部队战胜了西捻军。

要想打通到新疆的道路，还有一件大事需要去做，那就是平复"回变"。

西北地区"回变"，早在一八六二年就已发生。当时清朝廷民族政策失误，导致民族矛盾激化，回民不断起事，西北局面失控，清朝廷却鞭长莫及。左宗棠到来时，"回变"已经爆发了六年。

左宗棠虽然手握雄兵，但他并没有像以前的官员一样，一味采取武力征剿，他向朝廷进言："此次陕西的汉人回人相互仇杀事件，如果只论剿灭，是没有道理的。自唐代以来，他们一直在中原生活，繁衍生息一千多年，哪有将他们全部诛杀的道理？只能以业安民。"

左宗棠认为，从前汉族和回族相互仇杀，问题不全在回族，回族汉族都有问题，处理此事，应不论汉回，只分良匪，暴恶必除，良弱须安。那些造反的回军势力，特别是甘肃回军的头目，大多是当地的封建主和宗教主，他们平时压榨回民，掠夺了大量财富，已经富甲一方。这样的人必须惩戒。

他们不但有钱，还有势。他们花钱买到官职，然而做了官，却不为老百姓办事，只求个人升官发财。更为可耻的是，他们还暗中与外国侵略势力勾结，背叛国家，做出损害民族利益的事。像这样的人，不剿还真不行，不剿，不足以平民愤。

一八七一年六月，左宗棠在备足了三个月的粮草后，调集军队分左、中、右三路向河州的回部发动进攻，一路势如破竹。白彦虎等一些顽固分子带领二千多兵士逃到了新疆境内，投靠了侵占新疆的中亚入侵者阿古柏。

河州马占鳌见实在打不过左宗棠带领的清军，只得派人求降，交出了四千余匹马，一万四千余件军事器械。左宗棠见马占鳌主动求降，便奏请朝廷，按清军编制任命马占鳌为统领，将他带的队伍改编为三旗，编为左宗棠的亲兵马队，用来为国家效力。

回军的四大营首领禹得彦等人也纷纷归顺清朝廷。

陕甘"回变"，终于得到平复。

收复新疆的进军道路得以通畅。

夜晚，带着胜利喜悦回到驻地的将士们，很快就进入了梦乡。

深夜，下起了大雨。哗哗啦啦的雨声，丝毫没有影响将士们酣睡，连日的征战已使他们疲惫不堪。"咚——咚——"雨声渐小，更鼓声也开始在夜色中回荡。

左宗棠没有睡。披衣夜读的他，从这次鼓声中感觉到了异样，侧耳细听了一阵，脸色大变。

"传我口令，立即拔营！"他炸雷一般的将令，惊醒了军帐甜梦。平日里将士们听到将令，会马上行动。可今日不同往日，"回变已平，一切太平，为什么还要深夜开拔？"将士们不理解，加上连续征战的疲惫，谁也不想动弹。

胆大些的将领们来到统帅大营，请求左宗棠收回成命。

"我已上马出发！你们谁敢抗令，军法从事！"左宗棠一声怒喝，将士们虽心有抱怨，也不敢不从。他们赶紧整队，火速开拔。雨，越下越大；路，越来越难走。走出数十里，左宗棠才慢慢停下步子，问随行的将领："我们走了多久？"

"报告大帅，我们走了约一个时辰，大概四十多里。"随从答道。

"停止前进，就地扎营！"左宗棠拉住马缰，传下口令。

终于可以歇下来了。将士们熟练地搭好营帐，准备好好补睡一觉。谁知大家刚刚入睡，就听到远处传来一阵阵骇人的爆炸声。将士们大惊，不知出了什么事故。

"报告大帅，我们打探清楚了，爆炸地点就是我们先前的宿营地，那里炸出了一个好大好大的坑。"巡逻的兵士快马飞奔而至，向左宗棠禀报。

消息传开，将士们震惊不已。这个夜晚谁还睡得着觉？全军将士都为躲过了这一次大难而庆幸："难怪大帅半夜传令移营，原来他早就料到了，这简直是太神奇了！"经此一事，将士们对左宗棠更是佩服得五体投地。

左宗棠哈哈大笑，说："什么神不神？打了胜仗之后，不能忘乎所以。这些投降的回部头领中，有的只是迫于我们的军威，并非诚心实意归顺朝廷，如有时机，他们定会报仇雪恨。我听那更鼓声响里，好像有回声，估计那里可能挖了地洞，才下令移营。"

"结果大家都知道了，那里不但有地洞，而且洞中还藏了好多硫磺火药。当时情况紧急，天又下雨，也怕自己没听真切，拿捏不准，担心引起将士们慌乱，就没有告诉你们真相。"

了解到移营真相，全军上下对左宗棠更加钦佩。

这次深夜营地爆炸，也引起了左宗棠的警觉和深思。

他意识到"回变"虽然暂时平复了，但很多问题还没有从根本上得到解决。根子不除，天长日久，死灰复燃，还会影响地方的安定。

他也知道，回汉之间的矛盾，有些问题是出在回族人身上，有些问题是出在汉族人身上。特别是有一部分汉绅，一直没少做挑起回汉矛盾的事。这不，宁夏灵州的汉族豪绅吕廷桂和苗维新，又开始讹诈哄骗回民了。

起初，回民心中有底，对吕廷桂和苗维新的讹诈，毫不理会。因为左宗棠早已颁布了安置政策，他们想讹诈也是做白日梦。

谁知，他们见目的没有达到，竟跑到军营去求助："要你们的大将军刘锦棠出来。"刘锦棠出来问："要本将军出来是为何事？""我要大将军派兵去惩治这些不听话的回民。"他们以为汉人统领的军队，定会偏向汉人说话。

结果呢？结果当然是讨了大将军一顿好骂。幸得吕廷桂和苗维新跑得快，不然还会挨将军的一顿好打。

可是，挨了骂的他们，仍然不甘心，还愚蠢到去阻挠回民领取朝廷发放的生产生活物资。

按规定，每户回民都可以按照实际人口，领取他们生产所需要的耕牛和种子。这个上面是有政策的，他们阻止不了，就又去阻挠生产。阻挠生产也阻挠不了，又心生一计。"清军要把回民杀光，你们还不赶快跑？"他们到回民生活的聚集地造谣，想用恫吓赶走回民，好侵占他们的田地。可是，没有一个回民相信他们说的话。

"当官的只爱回民不爱汉民了，任回民欺负我们汉人，你们还听从他们的，不起来造反吗？"见一计不成，他们又施一计。他们来到汉民的聚居地，设法激起汉人对官兵的仇恨，妄想把事情闹大，满足他们自己的私欲。

结果事情还真闹大了，大到左宗棠都知道了。

"这还了得！"查明真相后，左宗棠按照朝廷律法，将主犯吕廷桂就地处斩，将苗维新押赴营部惩处。"当官的只认理，不论回汉。"回民们奔走相告，回汉两族人，都拍手称快。

为了这个地方的长治久安，左宗棠想到了一个法子，由有真才实学的回民来管理回民。按每十户回民设一个十长，百户设一个百长。在回民集中的地方，他设一个通判官职，掌管粮盐都辅，辅助知府办理老百姓的政务，以弥补知府管辖不到之处。

他还挑选了一批懂地方风俗与农事，办事公正的回民，担任各地的回官，帮回民们办理户口与婚姻手续，处理回民上告等事情。

安置回民的事，最难。

当时，陕西有许多回民是丢了家乡的田土，跟随着回军来到甘肃的。现在回汉之争已结束了，他们怎么办？

如果送陕西回民回到陕西去，他们离开家乡已有十年，财产早已被人霸占，这些占有者怎么可能拱手退还给他们？别人不归还产业，他们又靠什么过生活？如果让这些回民和当地汉民杂居在一起，又会出现新的矛盾。即使陕西回民和甘肃回民居住在一起，也存在很多问题。在战争时期，他们可以团结一心对付清军；和平时期，因为地区不同，生活习性不同，也是难以长期和平共处的。

怎么办？左宗棠经过再三考虑，做出一个决定。

既然陕西的回民不能回去，甘肃的回民也要迁徙，不如干脆把他们一起考虑搬迁安置，让各地回民聚族而居，以免与汉人杂居，闹出新的矛盾。最重要的是要选好安置他们的地方，既要有水有草，土地肥沃，又要是无主的荒地，才能避免以后再起争端。

安置的地方终于选定。左宗棠安排专门的官吏，负责护送回民去安置地。

搬迁路上回民的吃住等一切事情，左宗棠都指定官吏给他们作了周密安排。如回民们晚上安歇的窑洞，煮饭做菜的柴草等都事先做好了准备。口粮按大人每人每天给粮八两或者一斤、小孩子减半的标准发放。随迁的牲口，也发给足够的草料。

到了居住地后，左宗棠让属下将回民们按实际到达人数一一登记，为每户回民都准备了土地、窑洞、种子、耕牛和农具，并对贫困户继续发给粮食。

从那时候起，回民家家都有了可以安身立命的土地证。

"有天地以来，就有西域；有西域以来，就有教门。以前的宗教没有禁止和革除的道理。回族想建立清真寺，任何人不得禁止。"当地回民要求修建清真寺，他立即批准，保护回族同胞宗教信仰自由。

在陕西和甘肃，左宗棠创设和修复了多所学校，免费招收各族儿童入学。送给儿童笔墨，教儿童习字。启蒙课以汉人学习的《三字经》《百家姓》《千字文》为基础，大量编印书籍，免费发放。一时间，回民父母都以自己的孩子能入学为骄傲。有的父母自己也加入到学习中，自己学会了，再教孩子。

为了让回民和汉民拥有取得功名的同等机会，左宗棠修建了回民子弟学院，并在回民中选取一人做训导，管理回民的就学和科举考试。在科考中，每一科，必须录取至少一名回民举人。

回民第一次有了享受优惠政策、担任朝廷官吏的机会。

多少年来，回民和汉民相互仇杀。

这次清朝廷派了军队来到陕甘平息争端。回军失败后，很多被裹挟其中参与起事的回民怀着忐忑不安的心情，打算听天由命。

左宗棠给朝廷建言，给他们留条生路："无论汉回番民，均是朝廷赤子，一本天地父母之心待之，使各得其所，各逐各业。"清军不但没有像传言中说的那样伤害回民，而且对他们的生产生活比原先作了更好的安置。这完全出乎他们的意料。

饱经战乱之苦的回民，终于可以安顿下来，在这一片水草丰盈的土地上，享受平静安稳的生活了。每当左宗棠的队伍经过时，回民们列案焚香迎送他们心中的英雄。

第十八章

禁鸦片　兴棉桑

鸦片入侵，令百姓家破人亡，也令朝廷苦不堪言。

那时候，每年吸食鸦片的中国人，已达到了千万。

西方列强花大力气把鸦片弄到中国来销售，是因为有暴利可得。

历朝历代，都想禁止鸦片，可都禁止不了。

早在明朝末期，从海外传入的鸦片就开始危害中国老百姓了。那时候，鸦片被人们称为大烟。当时的崇祯皇帝朱由检看到大烟的危害，两次颁布严酷的"禁烟令"，"犯者处死"。有一个会试举人不知道皇上已下诏开始禁烟，他带着仆人携烟入京出售，被稽查队抓到，第二天就被处死于西市。

但鸦片的流入仍然没有得到禁止。

清朝廷也禁过大烟。

"碧碗琼浆潋滟开，肆筵先已戒深杯。瑶池宴罢云屏敞，不许人间烟火来。"

这是康熙帝赋的《禁烟诗》。诗写得再好，又有什么用呢？人们还是砌了专门用来吸食大烟的烟馆，把大烟当作宝贝。

后来的雍正、乾隆皇帝也都曾发过禁烟令，但是屡禁不止。

"陛下，朝廷如果再不拿出更有效的措施来禁烟，整个国家的人，都会成为病人、穷人。如果两国交战，连当兵打仗的人，朝廷都会找不着了。"

"鸦片就像一个吸血鬼，如果还不想办法禁止吸食，中国人会遭到灭种的命运！"那一年，林则徐上书朝廷，获得禁烟批准。可待他将广州收缴的大批烟土在虎门销毁后，在中国的境内，却发生了震惊中外的第一次鸦片战争。战败后，鸦片，仍源源不断地进入中国。

后来，清政府虽然设法停止英国的鸦片贸易，并在国内禁吸、禁售和禁种，但禁烟实在太难。曾经为禁烟付出最大代价的总督大人林则徐抱憾离世。在他之后的三四十年里，总算有一个人，继承了他的禁烟遗志。

在陕甘，左宗棠成了林则徐的后继者。

这时候，罂粟花已遍布于陕西、甘肃各地。

左宗棠初入陕西潼关城，一幅幅看似美丽、却又十分诡异的画面映入眼帘，使他十分吃惊。

西北田野上竟然到处开满了罂粟花。只要留心，城乡到处有烟民。

在鸦片的迷惑下，好多当官为吏的人开始贪污腐化，以便弄来银子吸食鸦片；老百姓为了吸食这个"美味"，享受虚幻的神仙感觉，有的沦为了盗贼，犯案入狱；有的损伤了身体，骨瘦如柴。有的地方，十人中就有五六个人在吸，甚至军营中也是吸鸦片成风。

"明知罂粟有毒，为何还要种？" 左宗棠问烟农。

"不种鸦片，哪来的银子交钱粮？"他们这样回答他。

"政府禁止贩卖大烟，为何还敢贩卖？"他问贩烟的商户。

"西北地大，要想禁掉大烟，是禁不掉的！"商户这样回答他。

这一年，陕西和甘肃发生了大旱，大量的烟民身体羸弱不堪，稍有饥饿，就可能出现生命危险。可是，只要政府发下了赈灾款，很多烟民拿了救命钱不是去买粮食，而是去买烟膏，有的买下烟膏等不到回家就拼命吸，在路上就吸食而亡。那一年，庆阳府老百姓因吸食大烟，死了好多人。

这一切使得左宗棠大为震惊。

更令左宗棠想不到的是，当他来到与庆阳相邻的宁夏，想筹集一些粮食救济庆阳的老百姓时，宁夏府的官员说，粮库里也没有存多少余粮。

左宗棠来到宁夏的田间地头，眼前的一幕，令他大失所望：本应稻浪翻滚的金色田野，已是垅垅诡异的血色罂粟花。

自从鸦片战争以来，左宗棠对鸦片之祸深恶痛绝。

没有想到，他来到陕甘，花了那么多心血在农田水利上，又是栽树修路，又是修渠引水，结果，老百姓不种养人的粮食，却种上了害人的罂粟。

禁烟，已刻不容缓！

待到陕甘战事结束，他立即开始全面禁烟。只是，左宗棠禁烟，和林则徐禁烟不同。林则徐是禁卖烟土，他是禁种罂粟。

在当时，官吸，民吸，卖的吸，种的也吸。吸烟的人，藏在深宅密室，不容易被发现，售烟的人也可以设法躲藏，不被人发现。就是能一一找出他们来，可吸食烟土的人这么多，也不能一一都集中起来戒烟，怎么办？只有禁种！罂粟种在田野中，谁都能发现。只要翻耕，短时间想种也种不出来。

与其扬汤止沸，不如釜底抽薪。他召集陕甘两省的各级地方官，表明自己的想法："鸦片之害，既深且烈。我将不避祸福，一查到底！"他命令官员各负其责，四处检查，见到种罂粟的田地，一律连根拔除，再翻犁平整，督促百姓种上庄稼。对于四川、云南来的烟土，一律没收焚毁，对于外国的烟土，一律不准入境。

官吏去执行时，并不真想执行。官吏中、军营里原本就有吸食烟土的，他们便以老百姓积习难改为由，想应付了事。左宗棠没有心慈手软。他把严重违反了规定的宁夏官员一律革职查办，将士们有包庇纵容的，也一一清查，依照规定给予制裁。在主要路口，他们张贴出告示："四川、云南等地烟土，一律销毁。"

"种罂粟，可比种稻谷划算多了。"烟农还是要种烟。你禁你的，我种我的。你在前面毁，我在后面种。

看来，光禁种罂粟，还是行不通。老百姓种什么能比得过种罂粟的收入呢？左宗棠经过一番比较，认为只有种棉。种棉不仅价钱高，也比种罂粟费的功夫少，既赚钱，又省力。可回想起来到甘肃后，从没有发现这里的田地里有过棉花。西北常年干旱，雨水又少，棉花是否适合在北方生长呢？左宗棠有些担心。

左宗棠差人到田间地头察看，刚好打听到当地有个叫郭奂生的人，他不满人们种烟土，正在悄悄试种棉花，已经有三年了。听到这个消息，左宗棠马上找到他家，了解棉花的生长情况，并和他一起算账。

"今年的产量，估计每亩能产二十斤左右。"郭奂生说。

"每斤棉花能卖一千文。算起来，刚刚可以抵得上种罂粟卖的收成，这太好了！"左宗棠大喜过望，两人越聊越高兴。

为鼓励郭奂生做试验，传播种植技术，左宗棠为他建起一个棉花种植推广站，由他做试验，再教会周边的农人棉花的施肥、打杈、治虫等技术。棉种价格贵，左宗棠派人快马去湖南收集，不仅是棉种，还有南方的茶种、优质水稻种一起采购回来，用来发展陕甘的农业生产。

"种罂粟收入虽好，但它会毁坏人的身体；种棉花不比罂粟的收入低，它还能让我们穿得暖。有了棉花，我们就可以自己织布、制衣。"左宗棠带着郭奂生广泛宣传种棉的好处，向老百姓传授种棉方法，他还根据自己在柳庄种棉的经验，结合郭焌生的试验，亲自摘录、修改、编写出通俗易懂的《棉书》和《种棉十要》发放给他们。

不仅是发放棉书，左宗棠还发放戒除大烟的药方。在陕甘，他号令有钱的官吏士绅出钱，按照药方制出戒烟药，分送给烟民。于是好多地方，人们开始尝试铲除罂粟，种植棉花。

"买到的棉布价格贵，我们有了纺织厂，就自己纺织，自己穿。"左宗棠设立纺织局，农闲时各家青壮年女子来到这里，学习纺织技术。

种棉织布，不仅解决了老百姓的生计，还解决了老百姓的缺衣问题。田地里有了棉，集市上有了纺织厂，这里的女人们再走出家门时，穿着打扮，焕然一新。

老百姓种棉热情很高，相邻的省也纷纷仿效。后来，甘肃敦煌、安西一带，都成了盛产棉花的地区。

左宗棠到来之前，陇东的农民所种庄稼，只有小米、玉米，每亩一年只能收一百多斤。种棉获得了好的收成，接下来，他又开始大量推广南方的水稻、茶叶等种植技术，在荒山上种植大量树木。

他还从浙江湖州运来桑树苗，在兰州总督府后面，左宗棠和将士们试种了一千多株，再将技术传播出去，鼓励老百姓植桑养蚕。

后来，左宗棠设立蚕桑专局，教老百姓缫丝技术。

第十九章

讨伐阿古柏

新疆，自古就是中国的领土。

当时有个阿古柏，他胆子特别大。

阿古柏是紧邻着新疆西部的一个小国——中亚浩罕汗国的高级军官。

就在一八六五年的一天，阿古柏假借着南疆喀什噶尔回族首领金相印邀请他来做客的名义，带着一批雇佣军亲信，悄悄跨越了国界，进入了新疆。

阿古柏进入南疆的时候，正是清朝廷抽空了新疆的兵力，命左宗棠率军去平定捻军和陕甘"回变"的时候。他就是瞅准了这时候西北边疆无人防守，趁机窜入的。在南疆，他还接收了被俄国打败后跑来投奔他的浩罕汗国败兵，短短的时间内，阿古柏手下的人马就发展到了近十万人。

阿古柏先是强占了喀什噶尔新城，接着侵占了整个南疆，很快，他又进军北疆，连占达坂城等几个城市。到这时，新疆的大部分地方都被他们侵占了。阿古柏在侵占的土地上，建立起一个殖民政权——哲德沙尔汗国，也叫七城汗国。

在七城汗国里，他们鱼肉新疆老百姓，无理由掠夺老百姓的生活物资。只要阿古柏的部下出行在外，那里的老百姓就要无偿提供他们想吃的酒水饭菜和马吃的草料，为军队充当苦力。

他的管理制度，说白了就是抢劫制度。阿古柏将土地分封给他的部下后，得到土地的部下，就要给阿古柏上供。至于他们的所有收入，就是靠抢夺当地的老百姓所得，抢得越多收入越高。

很快，阿古柏和他的爪牙就把新疆变成了令人恐怖的地狱，种种兽行令新疆人民苦不堪言。

阿古柏野心大，是因为在当时有不怀好意的俄国撑腰。

俄国派出使者团来到新疆的喀什，与阿古柏见面："别紧张，我们承认你是新疆的新主人，是独立的君主。我们支持你。我们正好可以好好做做生意。"

他们与阿古柏签订了非法的《俄国-喀什噶尔条约》。目的是让阿古柏暂时割据新疆，达到俄国人长期占领伊犁的目的，只待时机成熟，他们再去侵吞新疆。

转过头来，俄国人又笑着对清朝廷官员说："如果伊犁也被阿古柏占领，那对你们，该是多么糟糕的事。所以，我们暂时先替你们代管伊犁吧，等将来战乱平息了，我们再还给你们！"

趁阿古柏入侵天山南麓的时候，俄国以协助中国防止边境动乱为名，出兵强占了中国的伊犁地区。

就这样，一百多万平方公里的新疆，被外敌所侵占。

可是，面对新疆这块肥肉，英国人怎么会在俄国人面前示弱？

在阿古柏来到新疆之前，英国早就对新疆南疆地区垂涎三尺了。他们暗地里赠送了大批的军火物资，支持阿古柏入侵新疆。后来，又签订了非法的《英国-喀什噶尔条约》。

英国这样做，同样是想得到新疆的主权和利益，扩张自己的势力。

俄国、英国都想把整个新疆独吞。

当时的清朝廷，对洋人既恨又怕，更不敢得罪他们。于是在朝廷大臣中，只有少数人主张进军新疆，更多的人则主张放弃新疆。

"新疆不复，于肢体无伤。" 带头反对进军新疆的是李鸿章。他是文华殿大学士、直隶总督和北洋大臣。他认为新疆为千百年来的一片荒坡野地，花大量的钱财去收复不值得，即使收复了将来也守不住。他给皇帝上了一道撤销塞防的奏折，提出撤了西征军饷，用来补充海防军饷。

李鸿章主张海防。他认为将来的敌人必定是日本。朝廷应将大部分国力用来建设海防设施。李鸿章带头，一时间朝堂上放弃新疆的言论已是一边倒。"我之疆索，尺寸不可让人！"左宗棠站了出来，他说出的话，掷地有声，"俄人侵吞西北，其心可诛。以全部的力量西征抗敌已是迫在眉睫！"在地方的官员中，以湖南巡抚王文韶、山东巡抚文彬、江苏巡抚吴元炳为代表的主战派也慷慨陈词。

"我们的军队退一步，俄人的军队就会进一步；我们的军队退一天，则俄国的军队进一天！""如果新疆不保，则蒙古不安定，不但陕西、甘肃、山西各地要时刻防止袭扰，防不胜防，而且河北北部地区也将永无宁日了！"左宗棠和主战派大臣们在朝廷上力排众议，坚决主张收复新疆。

慈禧太后既不敢得罪西方国家，又害怕新疆在自己手里丢失。就在她犹豫不决之时，左宗棠主动进宫面见慈禧："西征的事艰难万分，看起来人人望而却步，我愿一力承担。人可以死，祖先流过血打下来的疆土不可失。我愿意将自己这把老骨头赔上！"

朝廷接纳了左宗棠的建议。一八七六年八月，左宗棠的进剿和收复新疆方案得到通过。朝廷任命陕甘总督左宗棠为钦差大臣，督办新疆军务，并负责关外剿匪事宜。朝廷将兵、饷、粮、运大权全部交给了左宗棠。

可是，要收复沦陷十多年的新疆，岂是一件容易的事。

西征军出关作战的对象，是阿古柏，很可能还会与俄国军队作战。

阿古柏的武器是英国提供的。要战胜侵略者，必须缩短武器装备上的差距。左宗棠将出关作战的武器想办法充实更换，先是从国外买进来一批，后来，又在他曾经创办的兰州机器局、火药局自行研制和仿造。

他们从广东、浙江招聘来一批技术工人，模仿德国、意大利制造出后膛螺丝大炮、重炮、后膛七响枪，又改进了国内原有的劈山炮和无壳抬枪。还大量生产铜引、铜帽和开花子弹。劈山炮本来很笨重，要十三人操作，在改进之后，只需要五个人；抬枪也由原来的三个人放二支，改为了一个人放一支。

装子弹的火药原来靠在海外买，左宗棠决定自己的军队生产。"如果中国枪炮更先进些，西方各国就不会以他们的枪炮坚利，来欺侮我们了！"他将主力刘锦棠部队的武器下大本钱进行装备，还建起了一支专业炮兵队伍。

行军打仗，新疆最苦，必须保证士兵和战马能吃饱肚子。他亲自督办粮食军饷的运输，奏请朝廷同意让年轻善战的刘锦棠担任西征军的前线总指挥，他率领老湘军作为西征军的主力出征新疆。

在西北用兵，绝不能人数太多，更不能滥竽充数。打仗的人要少而精，每个人都得强壮、勇敢、机智、耐劳。根据这个标准，左宗棠将自己的部队从一百多个营裁减为四十多个营，其他部队由原来的九十个营裁减为二十三营。

"将士们！到新疆会很苦，很累。每个人的身体强弱也不一样，我不想强迫你们去勉强应战！凡是不愿意出关打仗的人、身体瘦弱吃不了苦的人，现在可以出列。出列的人，我发给你们回家的路费。"左宗棠和将士们训话。这样，最后留下来的官兵，都是心甘情愿随左帅去打仗，想去为朝廷建功立业的。

留下来出征的兵，个个士气饱满。

出征新疆的事，朝廷答应了。可西征军费，朝廷拨不出钱粮。

西征部队有七万人，一年最低花费不少于八百万两。尽管朝廷摊派到各地的西征军饷，总共加起来有七百多万两，但那只是一个数字，各地有各地的困难，实际交上来的钱，大约是五百多万两。

后来，连五百万两都没有了。由于东南各省的海防开支增加，他们纷纷上奏，要求停交西征的银子。这样下来，每年上交的就只有两百多万两了。这些钱，只够得上为西征军运粮草。到了一八七五年，左宗棠已经欠发将士的饷银二千多万两。

七万官兵的西征饷银没有着落，作为主帅，左宗棠焦虑不安。

在等不到朝廷钱粮的情况下，左宗棠自己想办法筹集。他征得朝廷同意，托人找英国银行借钱。出关作战，战线长达数千里，军队要经过浩瀚的沙漠，翻越峻峭的天山，军粮的筹集十分困难，他早先成立的西征采运总局，这时就发挥了作用。

除此之外，他还通过俄国商人，就近购粮。

左宗棠改变了朝廷拟定的南北分兵一起攻打的决策，他觉得收复新疆的第一个目标，就是驱逐阿古柏，而不是占了伊犁的俄国军队。

一八七六年，七万西征大军从兰州出发，直抵肃州。

收复新疆之战正式打响！

他们步步为营，势如破竹，击退了阿古柏增援的数千骑兵，用中国制造的开花炮，一举攻克了古牧地城！叛军首领白彦虎见势不妙，逃到了南疆，刘锦棠乘势直捣乌鲁木齐，八月顺利收复。

刘锦棠率部与阿古柏经过数日激战，很快攻克了达坂城，之后，他们以迅雷不及掩耳之势攻克了托克逊城。同时，张曜、徐占彪的部队攻克了吐鲁番城。阿古柏自认为固若金汤的这几处要地，左宗棠的西征军只用了十一天的时间，就一一攻克！

一旦阿古柏在达坂、吐鲁番、托克逊的防线被攻破，他们的军队就开始土崩瓦解了。这时的阿古柏已经慌不择路，也无路可逃了！西征军一路越过高耸入云的天山山脉，直逼而来。阿古柏这个让中国人恨得牙痒痒的中亚屠夫，在大军压境的情况下，自觉败局已定，无力回天，不得不用自杀的方式结束了

他罪恶的一生。

西征军一月策马驰疆三千多里，很快收复了喀喇沙尔、库车、阿克苏、乌什四城，与刘锦棠部在阿克苏会师后，兵分两路进攻喀什噶尔。

刘锦棠部连连攻下喀什噶尔、叶尔羌、英吉沙尔，白彦虎和他的残军仓皇失措，逃亡俄国。

一八七八年，西征军攻克和田，新疆除伊犁地区以外的领土，全部收复。

第二十章

抬棺出征

一八八〇年，阳春四月。

西征军士饱马腾，旌旗猎猎。

在中国西域荒凉的戈壁滩上，一千多名将士，迎着苍凉的落日，向他们的目的地哈密，艰难地行进。

坐在高头大马上的左宗棠，虽须鬓皆白，却剑眉双挑，眼神凌厉，不怒而威。他目视前方，犹如雄狮盘踞，虎豹昂首。

"嗨哟！""嗨哟！"在行进的队伍中，有几名壮士抬着一口空棺木，豪迈地走在队伍中。这一口棺木，就是钦差大臣左宗棠安排人为自己打造的。由左宗棠带领的西征军，早已下定决心，这一仗不获全胜，绝不生还。

这一去，不仅仅是去打仗，左宗棠还要将他梦想中的新疆土地，全部换上新装。

"春风不度玉门关。"唐朝诗人王之涣，看到了玉门关外的荒凉孤寂后，写下了这样的千古名句。如今，左宗棠将以他老迈的血肉之躯，一腔为国驱驰的爱国激情，彻底地去改写它。

大丈夫舍命为国家，该出发时就出发。

这时候，阿古柏已死。他部队里剩下的人马，全部逃跑了。

被俄国霸占了十年的伊犁，是时候该回来了！

只是，当时俄国派兵以武力侵占伊犁后，在朝廷爱国人士的抗议下，他们承诺过会归还伊犁。因此，左宗棠打算先礼后兵，试一试外交谈判这条路。

左宗棠把想法上奏朝廷，朝廷觉得左宗棠的意见可行，便派出吏部侍郎崇厚去俄国谈判。

谁知，崇厚竟是个贪生怕死之人。崇厚经受不住俄国的恫吓，匆匆与俄国签订了丧权辱国的《里瓦几亚条约》，擅自做主答应了俄国方面提出的"通商、划界、赔款"几乎所有的要求。

根据条约规定，中国还将丧失伊犁以外的一大片领土，包括穆素尔山口。

新疆分为南疆和北疆。穆素尔山口是南疆通往外地的必经要道，如果连它都归入了俄国，不仅伊犁只剩下了巴掌大的地方，北疆的人想要到南疆去，也去不了。这等于是把中国的南疆孤立了。

"俄国原来仅仅是提出要保护国界安全和赔款这两个条件，并没有提出割让我国土地的事。同时，崇厚没经批准擅自签约的行为，原本就是越权误国。这次谈判的结果，不能算数！"消息传出，朝廷许多大臣义愤填膺。

"如果按照崇厚签的条约，霍尔果斯河、伊犁南边的特克斯河都归俄国接管，我们仅仅只得到了伊犁的一片荒郊，连北境内的二百里地都属于俄国了，从此以后，伊犁的四面都是俄国人居住，还会驻扎军队，周边的南疆以及其他地方，还能有安全感吗？"

远在西陲的左宗棠怒不可遏，坚决反对割让伊犁西南方地区给俄国。

"一个国家在战争失败的时候，固然有割地求和之事，但从未听说未交一兵未发一箭，就把重要地方拱手让人，以满足敌人欲望的。""这样做无异于将骨头投给狗，等骨头投完了，狗的啃噬仍然不可能停止。目前的祸患依然还在，将来的忧患可能更为紧迫！"

"愿以衰老之身，力肩征战的重任！"左宗棠在奏折中慷慨激昂地写道。

朝廷上的爱国官员张之洞、王仁堪等人，也纷纷弹劾崇厚。

朝廷就收回伊犁的事，征求群臣意见。

"既然派了崇厚代朝廷到俄国签订了条约，朝廷就不能出尔反尔！"朝廷中的主和派害怕得罪俄国，主张放弃伊犁。

"先以武力作为后盾，进行耐心的外交交涉。如果通过交涉还是不能收回失去的土地，就不惜一战！"左宗棠说。

"崇厚虽然是以全权出使，但他所约定的事项，只是草签了，还需要皇帝御笔亲批，这并不是先同意了后又推翻。"由于有左宗棠和前线将士的决心，朝廷由此坚定信心，命左宗棠统筹新疆南北战守事宜，前往哈密。

崇厚则被慈禧太后革了职，下了大狱。

朝廷改派了曾纪泽到俄国重新开展外交谈判。

俄国人当然不愿意重新谈判。重新谈，就意味着煮熟的鸭子可能要飞走，以前的工夫白费了。

主和派仍然没有放弃，他们写信联络被派到俄国谈判的曾纪泽："左宗棠以为只要有人进驻哈密，去恐吓俄国人，使他们酌情对以前的约定有一些改变，这是万万做不到的事情……俄国强大而清朝廷虚弱，假如与俄国决裂而引发不必要的边界争端，就可能会出现让人深为忧虑的局面。"

但朝廷已做出决定，左宗棠已从肃州整装出发。

一八八〇年，左宗棠指挥西征军兵分三路，分别由刘锦棠、张曜、金顺率领，直逼伊犁。

他将大本营从肃州搬迁到哈密。哈密在新疆的中部，可以用来观望全局，了解各地的动静。哈密也是丝绸之路向西进入新疆后的第一个绿洲，土地相对肥沃，适合屯兵。

在外人看来，行军路上的左宗棠，体态魁梧，声如洪钟，下地干活时，精力过人。其实这时候，他早已积劳成疾。来西北前，他长期腹痛、咳嗽。就在来西北的前几天，有天早晨起来，竟然口吐鲜血。那一刻，他十分惧怕自己倒下。

远征新疆，是他少年时代梦寐以求的理想。吐血又如何？

只要活着，自己就要来新疆。但他也清楚，如果谈判失败，就要和俄国人打恶仗。以他这样的年龄，这样的身体，能不能生还？不敢妄言。

行军路，艰险漫长。

一路上，战乱后的惨景，历历在目。

他看到了玉门关外人烟稀少，景况萧条。但他也看到了在大小沙砾中，有间杂生长的野草、芦苇；看到了近水的地方，有高若三五丈的榆和柳！能长草的地方，就能长粮食；能长榆树的地方，靠水源就近，就能种植蔬菜瓜果！

新疆地广人稀，很多田地都是荒芜的。他发现，根本的原因，是水源奇缺。

他们的大军进入时，原本最困难的饷粮运输都还想得到办法解决，水，却远远不够用。军队每隔几天，就得驻营下来，安排将士们修浚河渠，开挖水井。行军路漫长，人手着实不够，左宗棠就拿出自己的养廉银，付足工钱请来当地的民工帮忙，每天吃的饭菜管饱。百姓们原本缺衣少食，听说有饱饭吃，还有银子赚，一个接一个地加入到他们的劳动中。

新疆的地，大多是沙漠。河渠修好后，除沙漠以外的地方，将士们和百姓们一起上，将所有荒地全部种上植物。他们在新开挖的河渠两旁挥汗如雨，不停地开垦，竟开垦出了五万多亩田地！这些田地以前因为缺水，老百姓根本种不上庄稼。到了收取赋税时，老百姓自己都没有吃的用的，根本没有银两可以用来上交。西征军将开垦的田地重新丈量，依据田亩的好坏划分为九个等级来确定赋税标准。后来，老百姓觉得这样很公平，有了余粮，按标准缴纳赋税也成了十分乐意的事。

这是一条古老的丝绸之路。

新疆有很多野桑树。西征军到来前，这里的人们总是待桑葚由青转红时，迫不及待地将它们采摘了下来，代替粮食。

他们并不知道桑树除了吃桑葚外，还可以采下桑叶来养蚕；更不知道，养出的蚕还可以吐出一缕缕光滑洁白的丝线，换来大把大把的银子。左宗棠花自己的养廉银请来浙江的技术人员，教人们植桑造林、嫁接桑苗、压枝采桑、养蚕作茧、缫丝织绸的法子，以桑树来多获得一些收入。另外，还引种水稻、棉花、番薯，来改变他们的生活。

新疆的人们历来以游牧为生，他们以毡篷为家，随着水草迁徙，从来没有一栋像样的房屋，至于城堡就更少。为了这里的孩子有书读，商人有生意做，老百姓有热闹的街市聚集，西征军开始在当地修房筑城。

将士们在牧民集中些的地方，建起了很多城堡。有的是废旧房子改造，有的是填高地基重新筑。在不花朝廷一个铜板的

抬棺出纽

壬申春 桂相 写

情况下，很多坚固的城堡巍然矗立起来。

他们一路行军，一路修路架桥。为稳固好不容易修建起来的路渠，防止洪水冲刷房屋田舍，酷热的夏季能够给行人蔽日遮阴，左宗棠命令军队及地方百姓一起上，在大道两旁和集市边栽种榆树和柳树。部队开到哪里，道路就修建到哪里，树木就栽种到哪里。

就这样，左宗棠和他的将士们，只用了短短半年时间，就使这一片片风沙扑面的戈壁滩上，呈现出了不是江南却胜似江南的好风光。

他们在西北修筑的道路，窄的有四丈，宽的达八丈，老百姓驾着驴车、马车都可以相向而行。路的两旁，植得最多的树，是西北高原常见的旱柳。旱柳春天返青吐绿最早，秋天落叶最晚，不仅树龄很长，而且还特别容易存活。

一路西行，左宗棠走到哪里，旱柳就栽到哪里。

旱柳，成了左宗棠所率领的西征军从陕甘一路西行植下的醒目路标。有了西征军，才有了这一树树生命力旺盛的旱柳，新疆也有了抵挡戈壁风沙的青纱帐，有了灌溉生命万物的地泉。

后来，人们感念他的恩德，将这些旱柳，称为"左公柳"。

第二十一章

收复新疆

左宗棠的到来，给哈密老百姓带来了生存的希望。

有的人从百多里以外赶过来，就为了来看他一眼。

一些老人，也拄着拐杖来了。他们要看看，这个和他们一般年纪的老头骑在马上，威不威风。他们看到的左宗棠并不摆威风的架子，他正挽着裤腿赤着脚，在营地旁弯腰种菜呢。这个菜地好大好大，足足有二十多亩。看到他，老百姓一颗心放下了。

"这些将士来到这里一不强抢，二不强买，自己还花钱给我们种子、肥料，还发牛羊给我们自己养，教给我们植棉织布、养蚕缫丝技术，真是像活菩萨一样。""他们竟然自己种粮种菜吃，自从盘古开天地，这是从来没有的事呢。"

老百姓奔走相告。

西征军进驻哈密后，发现当地粮食少，左宗棠怕老百姓没有饭吃，就带着属下垦荒种粮。他们一共种下一万九千多亩，竟收获到了供部队吃四五个月的军粮。西征军还鼓励当地人多种粮食，老百姓有余粮，他们以市价全部采购，用来充实军粮。这样，节省了从外地采购的运输费用。

左宗棠还把本地的商人组织起来，让他们大胆做生意。以前，这里偷窃和抢劫事件很多，人们已经司空见惯了，很早就关门闭户，不敢外出。他派官兵日夜清查，经过一段时间的巡逻，没有人再敢出来偷和抢了。

渐渐地，街市热闹起来。哈密大营建立在哈密河东北岸一片叫孔雀园的高地上，与哈密新城遥遥相望。从孔雀园大营穿过新城，直达旧城的西北角，大约有四公里长的大道。大道两旁，商店房屋鳞次栉比，出售的货物食物，品种繁多。

每天傍晚，人们都会看到挺着个将军肚的大帅在街市上走来走去。

左大帅来到街市上走，是想要看一看百姓的生活怎么样，铺面的生意好不好。左宗棠因幼年腹疾未愈，晚年身体偏胖，没有办法，他只能挺着他的将军肚出去。

"娃子们，你们说说，我这大肚子里装的是什么东西？"有一天，左宗棠从街市回来，忽然问身旁的士兵们。"大帅肚里有十万兵甲。""大帅肚里包罗万象。"士兵们左猜右猜，还是猜不中，就拣好听的话说。

左宗棠摇头说："唉，不对，不对。你们都没有猜对！"

"大帅肚子里尽是马绊筋。"突然，一个来自湖南湘阴的士兵高声喊道。

左宗棠回过头问他："你怎么知道？""湘阴人都说大帅是仙牛变的。"士兵很神气地回答。"哈哈哈，你说对了！"左宗棠大笑起来，听得一头雾水的将士们只得也跟着大笑起来。

"我出生的时候，我祖母说她梦见了牵牛星下凡。后来我果真就生了一个牛脾气！牛是吃草的，我们那儿喂牛的草，叫马绊筋，我的肚子里当然尽是马绊筋了，当然，还有辣椒！哈哈——哈哈——"

左宗棠见底下官兵你望着我，我望着你，谁也不知道马绊筋是什么东西，他干脆和士兵们说起祖母，说起家乡的一草一木来。

左宗棠治军极严，但在忙完军务后，他和将士们就像家人一样亲近。像这样晚餐后讲讲故事，说说笑话，是常有的事。有时候，他还会唱几句湘剧给将士们听，让大家紧张了一天的大脑放松放松。

有这样的大帅，即使有时候因军营粮草极度紧张，大家要过忍饥挨饿的日子，将士们也没有一人对他有怨言。士兵们知道，朝廷统筹的士兵军饷缺口有三分之一，是左宗棠将自己的一万两养廉银拿了出来，全部贴补给了他们。他自己用钱，却十分节省，连制一件新衣都不舍得。左宗棠长期伏案，不到一个月，袖口就会磨损厉害，缝缝补补几次后，他竟然想了个办法，自己设计了厚厚的罩袖戴上。部属看到后，竞相仿效。

在左宗棠眼里，将士们随他南征北战，备尝艰苦，他们就是他生死与共的兄弟。他必须将将士们像亲人一样地对待。左宗棠记得年轻时赴京会考南归，在扬州吃过一碗特别美味的鸡汤面，四十年后到瓜州阅兵，他拿出自己的银钱在那里买下好多鸡汤面，犒赏那里的将士每人两碗，而且管饱。可在新疆，他做不到这些，他必须将有限的钱花在保将士的命和垦荒上，他必须和士兵同甘共苦。

于是老百姓看到的左大帅，下地种庄稼时，他穿着和士兵同样的粗布衣，一日三餐，也吃着和士兵差不多的饭食。蔬菜青黄不接的时候，他会变戏法一般，从军帐中摸出几个坛子，从中抓出一团碧绿的盐腌芥菜来，取一把风干的樟树港辣椒，将它们切成细丝打几盆汤，与士兵分食。

士兵主要来自湖南，辣椒汤，便是家乡的味道。樟树港辣椒味纯，微辣，不呛喉，还有股淡淡的甜，椒香比其他的辣椒更浓烈更持久。不是湖南的士兵，也喜欢上这个味道。

有左大帅的芥菜辣椒汤，锅里再没有油盐，兵士们都吃得喷香喷香，吃了就干得了任何粗细活。

新疆有汉族，维吾尔族，他们的语言不相通，历来隔阂也很深。左宗棠在那里建起三十多所义务私塾学校，发放《三字经》《百家姓》《千字文》儿童读本，派老师教会儿童诵读，还编印楷书的范本，让儿童学着写字。

新疆过去所用银两，成色高低，分量轻重，都不太明确，以至真的银子、假的银子很难分清楚。阿古柏去了以后，更是大肆铸造钱币，成色分量更差，老百姓拿着这样的钱币毫无用处。左宗棠报经朝廷批准，以足银铸造出统一规格的钱币来，供他们使用，购买物品。这样，商人的生意做得也越来越好。

"大帅，俄人又增加了好多兵士。"

有一天，左宗棠得到情报，俄国开始增加兵力到伊犁，他们的军舰在海上日夜活动，气焰十分嚣张。

驻守哈密的左宗棠，并不惧怕打仗。他的西征军一路所向披靡，履险如夷，人人骁勇。面对可能开战的局面，将士们个个鹰扬虎视。远在京城的皇帝，也命令李鸿章在海防线布兵严守。

"我们只是进行一种表面上的示威，因为我们最大的愿望是不执行它。"俄国谈判代表若米尼在写给他们的外交大臣吉尔斯的密信中这样说道。恫吓，才是他们的真实目的。在左宗棠看来，根据当时的局势，俄国人在边境显示军力，明显是想扰乱边疆老百姓平静的生活，动摇军心，逼退驻军。

后来，眼看着恫吓没起到作用，俄国又生出一计，故意放出风声说，要取消与曾纪泽的谈判，改由俄罗斯公使来清朝廷直接谈判。只要和谈，新疆驻军就不能再打了。他们的目的，是想逼迫清朝廷撤退在新疆的驻军。归根结底，他们还是怕打硬仗。

"来北京谈，那左宗棠必须回来，一同为谈判的事做参谋。军务上的事，我们还非得依靠他才行。再说，如果我们在和谈，他没有来北京，他肯定坚持要打，将在外，君命有所不受。到时候控制不住他，那场面可不好收拾呢。"

慈禧太后和皇帝对俄国公使来朝廷和谈的事信以为真。

一八八〇年七月初六，朝廷由光绪皇帝颁诏，召左宗棠速速回京，任军机大臣。

八月十一日，左宗棠接到了朝廷诏书。

看完诏书，左宗棠着急了。他五月才到哈密，八月就召他回去，这明摆着是清朝廷有人上了俄国人虚张声势的当。但他也知道，清朝廷还是怕他与俄国打硬仗。左宗棠报请朝廷同意，待将西征军的指挥权交给刘锦棠，自己再回到京城。

就在左宗棠等候刘锦棠的期间，俄国驻军在中国边境并没有停止他们的嚣张行为。左宗棠又命令部将率军二千五百多人进驻伊犁，驻军候战。"与俄国非决战不可，须连日通盘筹划，无论胜负如何，誓必要将他们侵占的地盘收回来不可！"他写信给刘锦棠。在走之前，他必须布置好防务，才能安心回京。

他知道朝廷是左右为难，不是不想打，是怕打不过俄国。

左宗棠就要回京城了。哈密的老百姓得知他离开西北，开始惶恐不安，有的甚至痛哭流涕。他们预感到将要失去他们的保护神了，人人都想留住他，不让他走。

"大帅啊，你走了，我们就是一群孤鹰了，谁来带我们去打俄国人，保护这里的老百姓？"将士们跪地求他，求他留下来。他一一安慰送行的人们，和他们珍重道别。

就在左宗棠到哈密后不久，曾纪泽也到了俄国。

曾纪泽是曾国藩的儿子，原本是驻英法大臣。这次他是从伦敦出发到圣彼得堡，准备与俄国政府谈判。

没有想到，曾纪泽到了俄国后，俄国政府爱理不理，像没有看见他一样，让他走到哪里，都受到冷遇。谈判的事，就这样僵持在了这里。

曾纪泽才不怕呢。他一八七八年就被派驻到英国、法国做外交官。他知道，知己知彼，才能百战百胜。每到一个国家，他就走街串巷，了解该国的历史、国情、工业、商业及社会风土人情，还研究国际公法。在以武力收回伊犁问题上，曾纪泽和左宗棠的想法完全一致。

左宗棠一走，俄国谈判代表就打听到了左宗棠已离开新疆的消息，但又不敢确定。

在谈判时，一个俄国大员说："你们在西边调兵遣将，左大帅还抬着口棺材到哈密，像要与我们拼命似的。其实，我们俄国人并不想与你们兵戎相见。"

"打不打由你们决定。你们不是也说过要出兵辽东湾吗！我们必须做好打硬仗的准备。"曾纪泽说。

"那是因为你们有真想打仗的样子。你们不打仗，左大帅派出几千重兵包围伊犁，是做什么？"那位大员说。

"左大帅所做的事，有他的道理，也是他的职责所在！"曾纪泽不卑不亢。

"听说左相奉召入京了，他是去向朝廷要求增加兵力？我们对这点很不放心。我们不想打，你们总是在作打的准备。"他们在谈判桌上向曾纪泽反复求证。

"这是谣言呐，怎么可能？左宗棠和他的部队都在哈密呢！"曾纪泽其实早已知道左宗棠回到朝廷这件事，却镇静自若，眼皮也不抬地回答他们。

俄国人要摸的底没摸到，反倒让曾纪泽知晓了俄国人的软肋：他们十分惧怕左宗棠这个人。

有左宗棠的军威在，俄国就不敢在谈判中漫天要价。在左宗棠布下的驻军群威群胆，誓与沙俄决一死战的武力震慑下，一八八一年二月二十四日，曾纪泽顺利与俄国订立了《中俄伊犁条约》和《陆路通商章程》。

曾纪泽的谈判结果，收回了伊犁九城的主权，以多付四百万卢布的代价，换回了两万多平方公里的领土。这个结果让朝野上下喜出望外。

一八八二年三月，伊犁将军金顺率官兵进驻伊犁，结束了俄国人长达十一年的殖民统治。

左 宗 棠

继任陕甘总督杨昌濬看到新疆盛景，对左宗棠的厚德伟绩敬仰不已，他深情写下《恭诵左公西行甘棠》一诗：

上相筹边未肯还，湖湘子弟满天山。

新栽杨柳三千里，引得春风度玉关。

中国人收复新疆，在国际上引起巨大反响。

原来有些看不起中国人的外国人，改变了看法。

一八八二年春，已是两江总督的左宗棠离开南京，来到镇江、常州、苏州、上海等地检阅部队，督促兵器生产，查看海防情况。

这一日，左宗棠来到了上海制造局。听到消息，英国、法国等六个国家的领事，以及天主教堂主教，早就带着他们的翻译官来到制造局等着拜会了。

从此以后，左宗棠无论经过哪个租界，租界领事都会撤下本国旗帜，换上代表中国的龙旗，外国路警执长鞭以声炮十三响清道，毕恭毕敬地迎送左宗棠。

在晚清弱国时代，左宗棠推行强势外交，大长了国人志气，大灭了洋人威风，赢得列强尊敬。

第二十二章

病逝抗法保台前线

一八八四年五月，左宗棠奉召进京。

早已病魔缠身的他，这时已获得朝廷批准，卸下两江总督职务，告老还乡。在此之前的三年，他被调动四次，七旬老人南北奔波，疲于赴命，心血耗尽。

可就在进京面见皇帝的途中，他得知了一件糟心事：原本是中国附属国的越南，竟被法国占领，李鸿章代表清朝廷，已与法国签订《中法简明条约》。

根据《中法简明条约》规定，中国必须承认越南由法国占领，并允许法国商品从中国的云南、广西进入到中国境内销售。这些条约等于向侵略者敞开了中国的西南大门，使他们得以长驱直入，肆意掠夺我国云南、贵州等地的五金矿藏。

"面对这样的局面，大清怎能高枕无忧？如果其他国家群起效仿，俄国人想得到朝鲜，英国人想要获得西藏，日本人想吞并琉球，葡萄牙人想占据澳门，那些贪婪而狠毒的行径从四面八方包抄过来，到那时候，我们又以什么办法来对付？！"

这项卖国条约，令他气愤至极，他立即上疏朝廷指陈要害。

不仅左宗棠反对，朝廷弹劾李鸿章的奏折也多达数十封。

左宗棠认为，只有决战，才能破解中国被列强瓜分的危局。

看到法国侵略者强占越南，还威逼云南和广西，清朝廷不仅无意抗战，还由主和派把持着朝政，左宗棠令部将王德榜、黄少春先后回湖南招募楚军八千人，组建成"恪靖定边军"抗法，弛援越南和广西。湘阴人陈炳焕听说了征兵抗法的事，徒步两千里追赶部队，奔赴到广西前线参加"恪靖定边军"。

法国侵略者还在步步紧逼！

屈辱的条约依然满足不了外国列强。

"凡有紧要事件，预备传问，并着管理军机事务。"这一次，左宗棠回不去家乡了。清朝廷决定再次启用左宗棠，下诏再次授以军机大臣。

左宗棠再次以大学士身份掌管军机事务，参与中央的决策，让主和派异常痛恨，却让主战派看到了希望。醇亲王知道左宗棠身体不好，每当得知他要到军机处去，就派了轿子上门来接他，并安排两名侍从跟随，及时携扶。即使到皇帝那儿去，皇帝也会安排两名太监在旁边服侍。

他们知道，只要有左宗棠在，外敌就会对中国有所忌惮。

"胜，固然要战；即使败，也要战！"左宗棠说。

醇亲王是主战派的首领。

其他主战的还有翁同龢、陈宝琛、曾纪泽、张之洞、彭玉麟、刘锦棠等。

"目前朝廷内外风气萎靡，如果不及时振作，后患无穷！""即使答应了法国人的要求，目前也只是剜肉医疮，于长远，是极其有害的！"左宗棠和醇亲王都这样认为。

果然，左宗棠到京城后不到半个月时间，看似已平静下来的中法形势，突然又出现了变化。法国贪得无厌，居然还认为《中法简明条约》对中国让步太多了。他们召开本国议会，否决了它，还派出七百多人来到中国军队所在的谅山驻地，突然发起进攻。之后，又在中越边境闹事，进行战争威胁。

"法国议和明显是缓兵之计。现在，我们只有对外国侵略者予以坚决的清剿，才是唯一的办法！"左宗棠得知后，马上向朝廷申请再募集新兵，支援前线。

可是，朝廷还来不及考虑左宗棠的意见，法国舰队就已经向东南沿海逼近了。

一八八四年夏天，法国海军中将孤拔的舰队打着来福建游历的幌子，驶进了马尾军港。

闽浙总督何璟、船政大臣何如璋，在主和派对外退让妥协政策的影响下，生怕得罪他们，不但没有防范，反而举行隆重的欢迎仪式，并且对港内水师训话：

"不准先行开炮，违者砍头。"

他们还不让港内的水师舰只移动，免得使法军产生疑虑。

一个月以后，中法谈判破裂。八月二十三日上午，闽浙总督何璟接到法国驻福州领事战书后，竟然对水师官兵封锁消息，不准官兵轻举妄动。结果，下午一点后，法国舰队就开始向福建水师发炮进攻，马江海战爆发。

福建水师在未作任何战守准备的情况下仓促还击，好多舰只还来不及起锚，就被法军的炮弹纷纷击伤、击沉！在这场海战中，清军主将弃舰逃跑，余下的官兵虽奋力还击，却是群龙无首，福建水师损失惨重。

这场海战异常惨烈。不到三十分钟，福建水师十一艘兵舰和多艘运输船舶沉没，七百六十名官兵殉国，福建水师全军覆没！福建军民目睹海战惨状，十分悲痛，深夜组织力量坐上中国火攻船，连连夜袭法军。

战事十万火急。

左宗棠以七十多岁的高龄，深夜来到王府，求见醇亲王，请求到前线督师。

他立下生死状："如果没有成功，则请重治其罪，以谢天下。"在左宗棠的极力主张下，八月二十六日，清朝廷宣布对法国开战。

左宗棠临危受命，任钦差大臣督办福建军务。

左宗棠十一月到达福州后，马上加强海岸防守。

他下令修复长门炮台和金牌炮台，在福建江口竖上铁桩，将铁索拉在江面上阻挡敌人的战船通过；又取掉海口水道标志，在海港遍布水雷。做好这些防务后，他们动员当地的渔民参与军事操练，建立起了一支平时可以担负起侦察任务，有敌人来时又可以配合正规军作战的民间渔团组织。

"台湾问题不解决，福建不得安宁。"左宗棠多次上疏，要求加强台湾防务，建议修订中法条约，索还被法军侵占的台湾领土。他向朝廷上奏疏，要组织"恪靖援台军"渡海援台。"恪靖"二字，来自左宗棠的爵位。早在平定太平军后，左宗棠就已被封爵位一等恪靖伯；收复新疆后，又被封为二等恪靖侯。

援台建议得到朝廷批准后，左宗棠明里派部将杨岳斌率舰队开往台北，暗中却派了部将王诗正，率领"恪靖援台军"三个营一千余人，扮成渔民模样，晚上乘渔船过台湾海峡，在台南登陆。就在一八八五年二月，法军攻占台南月眉山要地时，刚到台南的"恪靖援台军"便马上发动反攻。

双方激战十多天，"恪靖援台军"夺回了台南月眉山要地。

不久，杨岳斌率军由泉州渡过台湾海峡，到达东南岸的卑南，台湾守卫力量得到增强，台湾局势得到稳定。

同样是在一八八五年二月，法军开始猖獗进攻谅山。谁知，广西巡抚潘鼎新临阵脱逃。一时间，清军不战而退。大量法军长驱直入，他们仅用了十天就侵占了镇南关。

三月二十四日，盘踞谅山的法军竟然越过防御墙来。左宗棠怒发冲冠，命令王德榜率领"恪靖定边军"和七十岁的老将、广西提督冯子材部队密切配合，在镇南关将进犯的法军打了个落花流水，并乘胜追击，大破文渊、谅山之敌。这一次战役，中国军队取得了完全胜利。

镇南关-谅山大捷打出了中国军队的威风，鼓舞了朝野的士气。与此同时，东南沿海各地抗法也取得了节节胜利。中法战争期间，在台湾长达一百零三天的战斗中，中国军队抵御了装备精良的法国远东舰队。

镇南关大捷，使中国处于有利地位。

但是，主和派主张乘胜而收。中法战争期间，围绕对法国是和还是战的问题，清朝廷所展开的外交活动和谈判，几乎一直没有停过。

一八八五年春，由海关总税务司司长赫德的下属、中国海关驻伦敦办事处税务司的英籍雇员金登干代表中国，与法国外交部政务司司长毕乐，在巴黎签订了中法停战协定。

左宗棠上奏朝廷，强烈反对缔结和约，并要求法军退出台湾、澎湖。清政府任命李鸿章为谈判代表，与法国驻华公使巴德诺在天津谈判。六月九日，《中法会订越南条约》签订。皇帝批准了这个条约。

这个条约不仅承认越南为法国的"保护国"，给予法国在广西、云南通商的特权，包括减税等等利益，还规定以后中国在这两省修筑铁路时，要与法国一起协商办理。

中国不败而败！

中法和约的签订，是对左宗棠的一个重大打击。

他以古稀之年，多病之身，来到抗法前线，全凭着一股守土有责的热忱坚持到战事胜利，结果屈辱的条约已经签订。

"作为战胜者，还要卑躬屈膝地与战败者签订不平等条约？"左宗棠全力抗法的成果付诸东流，悲愤交加之下，他的病情骤然加剧。

一八八五年七月二十九日，左宗棠向朝廷呈上《请专设海防大臣》的奏折。在里面，他提出了海防的全盘计划和加强海防建设的七条意见，为朝廷设计了一幅近代海军建设的蓝图。

想到壮志未酬，自己将不久于人世，弥留之际，他示意儿子来到榻前记下他说的每一句话：

"如今西部地区刚刚安定，但日本对我们已有野心，欧洲各国也虎视眈眈……凡是铁路、矿物、船炮等各项事务都要及早办理，以收到富国强兵的效果。如果能做到，即使我死了，也会很高兴……这次越南与法国的战事，是检验国力强弱的一个重要关口。我率部南下，却未能下死力加以讨伐，以增强国家的威风，这是我这辈子的遗憾，我死不瞑目……"

不等他把这道上疏的奏折口授完，便咳血不止。

一连好多天，他处于昏迷中。

一天，一直守候在侧的儿子听到了他急促的喘息声，慢慢地，喘息声变成了声嘶力竭的细细喊叫："娃子们出队，打孤拔去！""出队！出队！我要打，我还要打……"声音越来越低，越来越低，渐渐地，他停止了呼吸。那双炯炯有神的眼睛，慢慢失去了最后的光泽。

孤拔，法国海军中将，殖民军队将领，指挥过北非中亚的多次侵略战争。就是他，在一八八五年二月二十八日，带着大小军舰十多艘，团团围住招宝山外海口，于三月一日向镇海关发起疯狂进攻。南洋水师配合镇海守军奋勇还击，重创法舰，使敌军始终未敢入侵镇海。也就在这次战斗中，孤拔的座舰舰首主桅被清军炮火击中，使横木下坠，正在舰桥上的孤拔被压成重伤，不久死于澎湖。

镇海保卫战，是鸦片战争以来，中国首次获胜的一次近海保卫战。在左宗棠弥留人世的最后时刻，他的嘴里喊出的，依然是痛击外国侵略者的泣血呐喊。

一八八五年九月五日，左宗棠在福州黄华馆带着满腹忧思溘然去世！

当晚，台风又一次袭击福建，一场从未有过的倾盆大雨降临。夜半，一声惊天劈雷响起。人们还在午夜的睡梦中，早早就被浩劫般的雷雨声震醒。第二天早上，全城官兵和百姓都听说了总督大人去世的噩耗，又看到城东北角的城墙被撕裂出一个几丈宽的豁口，无不痛哭失声："您怎么能走呢？""您走了，我们怎么办哪？""朝廷失去的是一员良将，我们福建，失去的却是一座坚固的长城啊。"

无论是江南，还是江北，听到噩耗的人，都如同失去了自己的亲人一样悲恸。

消息传到朝廷，满朝文武官员都停下手中的事务，他们不敢相信，那个威震八方的左宗棠，真的死了。消息报到慈禧太后那儿，她仿若梦中，但终究还是落下泪来。

她怎么能不落泪。"你向来办事认真，外国怕你声威。"每当有外敌侵略，必须要用到左宗棠的时候，慈禧太后总是当着左宗棠的面，多夸奖他几句，虽然有时候会在心里痛骂着"你这头犟驴！"可如今，当这头犟驴真的没有了，她并没有想象的那般心喜，反倒伤心、害怕、不安起来：

"如果外敌再犯，偌大个朝廷，看遍满朝文武，只怕再也没有一个人，能有这头犟驴子好使了。"

曾几何时，侵华法军趾高气扬，不可一世。可是后来，只要他们从望远镜里看到厦门沿海诸山的中国龙旗，就会败下阵来："中国左宗棠太厉害，不可犯啊。"

可如今，经文纬武、扬名中外的左宗棠，真的去世了。

消息报到光绪皇帝那儿，他十分震惊，万分悲痛。

他写下长文以平复心情，哀悼这位可遇却不可求的重臣，称颂他的文治武功。又遵太后懿旨，追赠太傅，谥号"文襄"，赏丧银三千两。入祀京师的昭忠祠、贤良祠，并在他立过功的湖南、新疆、福建等省，建立起专祠。

皇帝派出朝廷特使、新任福州将军古尼音布到福建代行御祭。一时间，上至督抚、将军，下至福州老百姓，都来为左宗棠送行。正谊书院的书生齐聚南台中亭，他们设立路祭，送总督大人最后一程。"三军同哭失元戎，长留正气壮山河。"赶来参加送行的人，人山人海，沿途百姓，泣不成声。

左宗棠走了。风雨飘摇的大清，遭受到了重创。

他的离去，犹如大清朝廷最后一根顶梁柱，轰然倒下。随着他的离去而倒下的，还有大清朝最后的威严。

那个积贫积弱的年代里，茫茫九州，只有一次次丧权辱国的悲剧在继续重演。左宗棠已是渐行渐远，大清朝终于油尽灯枯，气数已尽。

一九一一年十月，武昌起义爆发，翌年元旦，中华民国临时中央政府于南京宣告成立，二月，清朝皇帝退位。至此，清朝灭亡，标志着中国两千多年来的君主制度正式结束。

在左宗棠去世六十多年后，中华人民共和国将军王震主动请缨来到新疆。他率大军行走在左宗棠当年的西征路线上，深

感在荒凉无垠、渺无人烟、高寒缺水的戈壁大漠，一代爱国将领左宗棠，仅仅凭着骡马和脚力，还要带着繁多而沉重的生产生活与战争物资，跋涉数千公里，是多么的不易！

在新疆，他以左宗棠为范，开垦田地，自给自足，屯军固防，后来成为了中共中央新疆分局第一书记，新疆军区第一副司令员、代司令员。

眼望着路旁那一排排劲健挺拔的左公柳，王震和其他的战士们无不热泪盈眶。"没有左宗棠，祖国的这一片大好河山很难想象啊！""倘若没有左宗棠，这块一百六十六万平方千米的'雄鸡尾巴'早就给'北极熊'叼走了！"王震给他的部下们，一次次动情地讲述左宗棠的故事，可怎么讲，也讲不完。

是的，左宗棠的故事，太多太多！在左宗棠的故事里，有他所向披靡，铁腕收复大片疆土的无限喜悦；有他忠诚祖国，报效百姓的满腔热血；也有他面对积贫积弱的旧中国，仰天长啸的无奈悲鸣；有他面对外国列强入侵，壮志未酬身先死的无尽遗恨！还有他，崇俭广惠、克己利人的家风传世，有他以廉修身、齐家、治国的壮举。他的爱，他的恨，必将让一代代中华儿女深情敬仰与铭记。

就像召公的那棵棠梨树，左公柳在，左公就在。那一棵棵已长成势可撑天、威武成行的旱柳，如同左宗棠和他的西征军，依然固守着任我中华儿女驰骋的广袤疆土，守护着中国巍峨、绵延的万里长城。

"汉业唐规，西陲永固；秦川陇道，塞柳长青。"重新修缮后的左宗棠墓，现位于长沙雨花区跳马镇白竹村。从黄兴镇过东山大桥，南行约两公里，即可见公路边的"重修左宗棠墓碑记"。至今人们经过那里，总要去凭吊一番，左公的墓前，一直香火不断，鲜花不绝。

后

记

2022 年 11 月 10 日，是晚清政治家、军事家、民族英雄左宗棠 210 周年华诞。左公寒素出身，三试不第，却凭借自身勤奋好学，成为一朝封疆大吏，一代洋务先驱，他曾经略陕甘，收复新疆，惠洽两江，威震台海，是晚清重要的民族脊梁。为使更多的青少年了解左公事迹，学习左公挺身任事，"天下事，吾事也"的大义担当，大力弘扬左宗棠爱国主义情操，我走进左公家乡湘阴，开始了近一年时间的采访和写作。

左公书生戎马，屡著伟业，古今罕有。要写作一本关于他的书，不能不说，我的创作压力很大。

我的压力来源于三个。一是大半年的创作时间太紧。要了解一个人物，需要一定的时间来消化资料与实地走访，而且这个人物，还是历史上有重要功勋的人物。二是历史人物难以把握。在此之前，作为长期从事青少年成长问题研究与儿童文学创作的女性作者，我尚未来得及像深入儿童文学创作一样，去深入对历史人物的研究。历史人物研究是一门高深的学问，我仅仅是凭着一腔对左公的景仰，而欣然握笔，十分明白自己在这方面的浅薄。三是这个题材著书者多，很难出新。在我写作前，已经有一百八十多位作家、研究者出版了著作。

尽管顾虑重重，我还是决定尽自己最大的努力，去试一试。

今年三月，我怀着对左公的景仰来到左公家乡湖南湘阴，先后到了左公出生之地，到了有十二棵梅花树的柳庄，到了左宗棠事迹纪念展馆，还来到留有古墙断壁残垣的左太傅祠拜谒，到了他的出生地，聆听周围的人们讲述左公的故事。回家后，我开始不间断地阅读从湘阴带回来的相关资料，通读部分历史学家、著作家写的传记，还有他的相关家书等等。我不可抑制地想尽早得知，在晚清那个积贫积弱的年代，这位叱咤风云的人物，是如何从一个父母早亡的寒素之家走出来，做一个饱读诗书的农夫，再成为被当地官员屡屡上门请出山的"今亮"，成为国之栋梁、实业先驱、一代天骄，甚至世界伟人的。

左公，他是那么地吸引着我的神思！在起初三个月的夜晚，沉浸在左公故事里的我，根本没有过真正意义上的睡眠，很多时候进入睡梦，不知不觉，我就走进了晚清的迷雾里。在梦里，我亦在苦苦寻找，试图寻觅左公一步步行走的身影。在这大半年里，也会有特别要紧的事情需及时处理，需要中断我一天半天的写作。这时候，从晚清时代被硬拽回到当下的我，心里就会空落落，一时不知所措。但即使是再烦心的事，我也会在很短的时间内奇迹般地高效率处理好，因为只有这样，我才能尽快地回到左公题材的研习与写作中。每当夜晚心焦失眠，或是睡梦中醒来，再也无法入眠的时候，我只要起身来到书房翻阅一下那些采集来的资料，描摹描摹网上关于左公的那些画像，默念几句他的佳句，心，就奇迹般地安静了。这几个月，我做到了推掉一切看起来对我十分重要的邀约，专心对待这本书的写作，毫无分心。

总之，在这大半年时光里，我的思维和视线里，只容得下左公来来去去的身影。我不止一次地想：再难，也要写好他。我甚至相信，我一定会写好"他"。

只是，我并没有"写"好他。

因为在心里，我并不需要写，他就在那里。

面对同一个人，每个作者的写法都会不一样。

无疑，他是令人瞩目的民族英雄。可我不想把英雄放在聚光灯下，我把左公当作一个普通人来写。

就像我遇到的上一个题材——时代楷模黄文秀《一个女孩朝前走》一样。左公和文秀，都是他们所处时代的英雄。只不过，他们一位年长，一位年少；一位身处积贫积弱的清朝末年，一位身处走向共同富裕的大中华。他们都是令我敬佩的人，但他们同样也是从平凡里走出来，吃过很多平凡人的苦，遇到了很多平凡人的难处，懂得了在岁月的磨砺中慢慢成长，对于家国梦，他们意志弥坚。他们最终以身许国，走向了不平凡的精神高地。

我十分清楚，我只是一个儿童文学作者，不是历史研究者。我懂得，每一个孩子的成长，都是缓慢的。我没有刻意去书写一位在任何方面都"高大上"的左公，这不符合人才成长的规律。我没有回避他青少年时代所面临的成长问题。为了尊重儿童阅读心理和习惯，为了这本书拥有更广泛的少年儿童读者，为了让我们新时代的少年儿童更加近距离地接触左公，我以大量的笔墨真实地书写了他的幼儿、少年与青年时代的生活，他读科考制度下的"无用"书，终究成为了国家有用之人，国之栋梁；而选择以少量的笔触，粗线条地去勾勒史书上记载过的他和他的楚军、他所处时代的清军，驰骋于我国西北的沙场抗击外敌的峥嵘岁月。我理性地客观地讲述这一段历史。我想，沙场英雄，虽然是他人生的高光时刻，但也只是成就他人生意义的一部分，他以他的老迈之身，一次次请命为国家而战，一次次抗击侵略者，这样的画面，孩子们能够记住，就够了。

怀济世之才，存报国之志，关注民生疾苦，一步步完成国家赋予他的每一项使命，是他的成长，也是他的人生。成长，永远是人生的主题。禁鸦片，是历朝历代都在做的事，人人都知林则徐，却不知左宗棠。在受命治理陕甘、福建等战乱之地的岁月里，他把最大的精力放在了最普通的民生上。他禁毒与任何官员都不一样，怀着敬农人如父母的心，他在禁毒的同时，使陕甘地区有了长绒棉，有了湖南的茶树、桑树，他把植棉、植桑、种优质稻、纺丝技术带到了被清朝廷其他大臣称为"不毛之地"的新疆。他在民生上所做的一点一滴，难以文载，却无一不令我们每一个中国人感动。但对他的所有功绩，我只是理性地讲述。不夸大其词，也不神化英雄。我以我往常的态度，做到尽量严谨地对待这次写作。我力求在浩瀚的信息里，去伪存真，不去美化与完善原本并无查证的故事，哪怕留有一些空白，也不虚构。

他和任何一个成长中的优秀孩子一样，与人相遇，避其所短，学其所长。左公的一生，从好学开始。左公一生的敬业，左公一生的爱国，左公成为封疆大吏后的爱民如父母，已经凝聚了他自有的真实的璀璨光芒，我宁写拙，也不写假。他的功绩不需要我在文字里再去卖力地书写。他的努力，我真诚地讲述给孩子们听。我力求这部纪实作品朴实无华。让文学的思想长在文字的缝隙里，这或许也是我短短的大半年时光，必须完成好这本作品能想到的"偷懒"，或者说是仅有的一点儿智慧吧。

一本青少年读物，书写一个英雄怎样让人记住，让读它的人，在阅读中获得某种精神上的成长，就够了。我这样认为。

二

现在的书稿，是作者五易其稿的结果，更是集体智慧的体现。

感谢湖南少年儿童出版社总编辑吴双英女士，感谢出版社编辑周倩倩女士，她们一直是我儿童文学创作的引路人。在全书修订过程中，她们不时针对性地提出指导意见，并先后约请王跃文、何建明、徐德霞、刘颋、冯臻、段炼、舒文治等数位专家审稿，为书稿提出中肯的意见，才有了这本书的顺利完稿与出版。好的青少年读物，应该是九岁到九十九岁都喜爱的文字。我一直孜孜以求，想做到这样一个"好"字。作为一本讲述英雄故事、传播爱国思想的书，它更应该成为儿童读者但不局限于儿童读者的共享书，青年干部进行爱国教育的简版阅读书。我把我的想法向出版社汇报，当得知出版社将它定位为"青少插图版"后，还在修改的我，内心觉得特别减压、欣慰。

这本书的设计，就是我所想要的样子。一位英雄从出世到长大，到最后成为万众瞩目的英雄，其中人生的曲折与艰辛，读起来，有时会令读者轻松惬意，有时也会令读者陷入苦闷压抑。一本严肃到带有明显的教育意味的书，出版社以轻松插画的方式呈现，还配有孩子们可以学习的那些左公诗词，我想，对于那些沉浸在紧张学习生活中的孩子们，捧着它，一定会有一种从视觉到心灵的减压。

书已付梓，但心难安。为了书稿能赶在左公诞生210周年日之前出版，尽管尽了努力，但还是因为个人学识有限，时间太紧张，书稿还存在很多的问题。不当之处，还请亲爱的读者能够谅解，并敬请指错，我将及时修改纠错，并致感谢。

参考书目：

《左宗棠年谱》作者罗正钧

《晚清名将左宗棠全传》作者陈明福

《我的曾祖父左宗棠》作者左景伊

《爱国大将左宗棠全传》作者高明正

《左宗棠家书》主编李金旺、李轩

图书在版编目（CIP）数据

左宗棠：青少年插图版 / 阮梅著 . — 长沙：湖南少年儿童出版社，2022.11（2023.9重印）
ISBN 978-7-5562-6727-9

Ⅰ.①左… Ⅱ.①阮… Ⅲ.①左宗棠(1812-1885)—传记—青少年读物 Ⅳ.
① K827=52

中国版本图书馆 CIP 数据核字 (2022) 第 186741 号

ZUO ZONGTANG（QINGSHAONIAN CHATU BAN）

左宗棠（青少年插图版）

总 策 划：吴双英　　　　　　**策划编辑：**周亚丽　　周倩倩
责任编辑：周倩倩　　　　　　**装帧设计：**陈　筠
插图绘制：陈安民　　　　　　**排版制作：**嘉伟文化 JARL V CULTURE
质量总监：阳　梅

出 版 人：刘星保
出版发行：湖南少年儿童出版社
地　　址：湖南省长沙市晚报大道 89 号
邮　　编：410016
电　　话：0731-82196340（销售部）
常年法律顾问：湖南崇民律师事务所　柳成柱律师

印　　刷：长沙新湘诚印刷有限公司
开　　本：710 mm×1000 mm　　1/16
印　　张：14.5
版　　次：2022 年 11 月第 1 版
印　　次：2023 年 9 月第 3 次印刷
书　　号：ISBN 978-7-5562-6727-9
定　　价：45.00 元